EDUCAR EN VERDE

HEIKE FREIRE

EDUCAR EN VERDE

Cómo superar el déficit de naturaleza y cultivar el amor a la Tierra

PAIDÓS Educación

1.ª edición, enero de 2026

La lectura abre horizontes, iguala oportunidades y construye una sociedad mejor.
La propiedad intelectual es clave en la creación de contenidos culturales porque sostiene
el ecosistema de quienes escriben y de nuestras librerías.
Al comprar este libro estarás contribuyendo a mantener dicho ecosistema vivo y
en crecimiento.
En **Grupo Planeta** agradecemos que nos ayudes a apoyar así la autonomía creativa
de autoras y autores para que puedan seguir desempeñando su labor.
Dirígete a CEDRO (Centro Español de Derechos Reprográficos) si necesitas fotocopiar,
escanear, distribuir o poner a disposición algún fragmento de esta obra (www.cedro.org;
91 702 19 70 / 93 272 04 45).
Queda expresamente prohibida la utilización o reproducción de este libro o de cualquiera
de sus partes con el propósito de entrenar o alimentar sistemas o tecnologías de inteligencia artificial.

ISBN: 978-84-493-4474-9
Fotocomposición: Realización Planeta
Depósito legal: B. 22.539-2025
Impresión y encuadernación en Limpergraf

Impreso en España – *Printed in Spain*

Para las niñas, los niños y los jóvenes de hoy,
de mañana... y de siempre

Hubo árboles antes de que hubiera libros. Y acaso, cuando acaben los libros, continúen los árboles. Y tal vez llegue la humanidad a un grado tal de cultura que no necesite ya de libros, pero siempre necesitará de árboles. Y, entonces, abonará los árboles con libros.

MIGUEL DE UNAMUNO

SUMARIO

PRÓLOGO

«No creo que se venda mucho», comentó fríamente el editor, mientras miraba con desgana unos papeles sobre su mesa de trabajo... Por unos momentos, sentí una especie de tristeza. Había publicado varias docenas de artículos, pero *Educar en verde* era mi primer libro. Puse en él todo mi cariño y, evidentemente, esperaba que tuviera cierta repercusión... Luego, imaginé que aquel hombre tal vez ni si quiera lo había leído y salí de su despacho sin decir palabra.

Cuando se publicó la primera edición, en 2011 (¡no puedo creer que hayan pasado quince años!), yo estaba de viaje por Oriente. Los precarios medios a mi alcance apenas me permitían responder a las felicitaciones de amigos y conocidos. Ni seguir las críticas y reseñas que iban apareciendo. En aquellos momentos, el contraste entre mi entorno inmediato y lo que me llegaba a través de las redes era tan grande que viví la ilusión de haberme convertido en autora envuelta en una especie de ensueño.

Sin embargo, al regresar a Europa, me di cuenta de la verdadera dimensión de lo que había escrito. La acogida del libro fue espectacular: reconocidos profesionales de la educación y del medioambiente, profesores, investigadores, divulgadores, innovadores... todos se entusiasmaron con la propuesta; me entrevistaron en los principales medios de comunicación nacionales e internacionales;

impartí centenares de conferencias y talleres, participé en mesas redondas...

La obra se tradujo a cinco idiomas y está en los fondos de las principales bibliotecas universitarias, educativas, municipales... en habla hispana, vasca, catalana, alemana, y portuguesa (finalmente, la edición francesa no llegó a ver la luz).

Según Google Académico, unos quinientos trabajos de investigación, realizados por todo el mundo, citan como referencia *Educar en verde*. Es, además, lectura obligada en el temario de oposiciones de muchos Gobiernos y comunidades autónomas.

En un mundo donde todo pasa y todo cambia rápidamente, parece un milagro que el público no haya dejado de interesarse por este libro durante quince años consecutivos.

Quizá la razón principal es que se ha convertido en la base de un movimiento social y educativo tan fuerte y silencioso como el crecimiento de las plantas. Lectoras de horizontes distintos encuentran en él los primeros pasos de un camino amplio y frondoso, que deseamos recorrer cada vez más: madres, padres, tías, abuelos... con intensos recuerdos de su niñez en la naturaleza, conscientes de que «algo no va bien con la infancia de hoy»; educadoras, maestros y profesoras inquietas en busca del auténtico sentido de su profesión; psicólogos y terapeutas interesados en prevenir y acompañar con ayuda de la naturaleza; arquitectas inquietas y disruptivas, empeñadas en reverdecer la mirada y llevar lo vivo a los apagados materiales y técnicas de construcción, educadores ambientales deseosos de ampliar su forma de trabajar con niños, jóvenes y adultos...

Si *Educar en verde* ha perdurado es porque conecta con un sentir profundamente humano, que miles de personas necesitan expresar: «Heike, muchísimas gracias por poner palabras a lo que siento», «Tu libro ha cambiado mi vida» son algunas de las frases que más me han repetido a lo largo de estos años.

Testimonios que me conmueven, me llenan de orgullo y de un sincero agradecimiento.

Pero lo más importante son los millones de niños, niñas y jóvenes que buscan instintivamente el contacto con lo vivo y, a menudo, se encuentran con un muro de incomprensión. Sus sonrisas, sus miradas de reconocimiento, la alegría que brota cuando disfrutan plenamente su infancia han sido mi mejor retribución a lo largo de estos años. Desde hace casi tres décadas me dan la energía para seguir adelante a pesar de las dificultades.

Siempre me ha gustado escribir, ordenar mis ideas, poner palabras a lo que siento, intuyo e imagino. Pero puedo pasar horas dándole vueltas a una frase (sí, sí, ¡¡¡en la era de la inteligencia artificial!!!). Y, aunque lo disfruto mucho, aunque realmente me emociona *sentipensar*, todo ese tiempo a solas frente a una máquina a veces también me pesa.

Con *Educar en verde* redescubrí la magia que vivo como lectora, desde la perspectiva del autor. Gracias a este proyecto he podido conversar con muchísimas personas a través del tiempo y del espacio. Traspasar las barreras generacionales, sociales, culturales, geográficas, lingüísticas... Juntas, hemos creado una comunidad. Una familia del alma que, en estos momentos, tiene un lugar importante en mi vida. En su centro están, sin lugar a dudas, las alumnas de la formación de Experto Universitario en Pedagogía Verde que, desde hace diez años, trabajan impulsando estas ideas en muchos rincones de la península ibérica, Europa y América.

Desde que se agotó el último ejemplar de mi reserva en castellano, no hemos parado de recibir mensajes preguntando cuándo va a reeditarse. Quienes acuden a mis cursos y conferencias vienen con la ilusión de adquirir el libro. A veces, hasta hacen cola para que les escriba una dedicatoria en una hoja o un folio, con la esperanza de pegarla en su libro cuando salga de nuevo a la venta.

Pues bien, ¡tengo la inmensa alegría de presentarte la nueva edición de *Educar en verde*! Y quiero celebrarlo contigo, que me estás leyendo.

Te confieso que la revisión no ha sido nada fácil: después de tantos años ¡he descubierto que soy mi peor crítica!

Sin embargo, estoy más que satisfecha con el resultado. He podido eliminar los cuadros didácticos, una exigencia de la colección en la que se publicó inicialmente que, desde mi punto de vista, no aportaba mucho. He reorganizado el sumario, introduciendo un capítulo nuevo sobre el juego espontáneo en la naturaleza (capítulo 3) y estructurado con más rigor los contenidos. De hecho, la versión anterior tenía solamente cinco capítulos, y esta tiene siete. He retirado las referencias a proyectos que se han quedado anticuados, he ampliado todos los materiales, he incluido nuevas reflexiones y experiencias, fruto de estos últimos quince años de trabajo con la pedagogía verde, y he redactado una nueva introducción y un breve epílogo.

El resultado es un libro más maduro, más emotivo, más reflexivo, más profundo que, desde mi punto de vista, hace honor a lo que es: un clásico de la pedagogía verde y la educación en contacto con la naturaleza. Lo pongo en tus manos con toda la ilusión.

Y mi ambición es grande: no solo espero que te guste, quiero que te «arrebate», que te remueva por dentro. Que en esa tierra, aireada y fresca, florezcan nuevas semillas que volarán por el mundo.

Mientras tanto, muchas gracias por tu atención.

INTRODUCCIÓN

Aprender a ser naturaleza

Cuando yo era niña y adolescente, solo una de cada diez mil criaturas sufría de autismo. Hoy, es una de cada treinta y seis. La hiperactividad y el déficit de atención no se conocían, ni tampoco los trastornos alimentarios y del sueño, el estrés, la ansiedad, la soledad, la depresión, las autolesiones o el suicidio.

Aproximadamente, una de cada cinco personas menores de dieciocho años sufre diversos malestares, con distintos niveles de gravedad: muchas se sienten solas, inadecuadas, perdidas, no saben quiénes son...

Mientras se investigan las causas personales y familiares, y se trata a las criaturas con fármacos, **la crisis global de salud mental infanto-juvenil está tomado tal envergadura que no puede ocultar su carácter actual, social y sistémico.**[1]

¿Qué está ocurriendo?

MEMORIAS DE INFANCIA

Observando a las criaturas de hoy, no veo grandes cambios respecto a las que he podido conocer en otros momentos de mi vida: pasan por las mismas etapas de desarrollo, encuentran dificultades parecidas... Básicamente, siguen necesitando lo mismo: tacto y contacto, presencia, atención, amor, pertenencia, reconocimiento...

Es cierto que juegan significativamente menos y que, en general, son más mentales y menos autónomas. Pero siguen teniendo la misma fuerza vital, las mismas ganas de moverse, de bailar, de cantar, de investigar y de crear. En esencia, no me parecen muy distintas.

Lo que sí ha cambiado, y mucho, son las circunstancias que las rodean. Los entornos, los hábitos, las formas de educación y crianza, las creencias y, en general, los estilos de vida en los que nacen y crecen.

La mayoría de las personas de mi edad tenemos intensos recuerdos infantiles, de conexión con la naturaleza. Pasamos buena parte de nuestra infancia al aire libre, jugando en la calle con los vecinos después de la escuela. Durante los meses de verano, corrimos aventuras por el monte, el río o la playa. Vivimos en familias amplias y nos juntamos con primos, tíos y abuelos para comer, dar paseos, recoger moras o incluso ver la televisión en grupo. Había mucho contacto físico. La gente se miraba a la cara. Se interactuaba con facilidad. Un perfecto desconocido podía convertirse en un amigo del alma después de un único viaje compartido en el autobús o en el tren. Los alimentos eran naturales y se cocinaban con cariño. Las calles aún no habían sido secuestradas por los coches feroces; estaban llenas de gente.

En los jardines, los solares abandonados, y un poco por todas partes, había vegetación y fauna silvestre: insectos, reptiles, caracoles, pájaros... En los pueblos, y en muchas ciudades, aún podían verse ovejas, cabras, cerdos, vacas, y burros no estabulados... El aire estaba limpio. Y todo iba muchísimo más lento. Había tiempo para descansar mirando las nubes o las estrellas; tiempo para disfrutar del silencio, y hasta del aburrimiento...

Experiencias como estas fortalecieron algo muy profundo en mí. Me dieron un sentido de conexión con lo vivo que me llena de gozo; una alegría, un amor y una confianza que no me han abandonado, incluso en los momentos más difíciles.

Hermano bosque

Hace ya más de treinta años, mientras terminaba mis estudios de Filosofía y Psicología, empecé a trabajar en una clínica como terapeuta infantil.

Algunos de los niños y las niñas que acompañaba estaban seriamente afectados por su estilo de vida y, en particular, por el exceso de pantallas. Era el caso de Félix, por ejemplo, que, con tan solo ocho años, tenía graves dificultades emocionales, sociales y escolares. Hijo de los propietarios de un hotel, había pasado la mayor parte de su vida solo, frente al televisor, mirando vídeos mientras sus padres trabajaban.

El de Claude era todavía más impactante. Después de ver en el cine la película *Superman*, su familia le regaló un flamante traje azul, con capa roja y una enorme S en el pecho. Convertido en un intrépido superhéroe, Claude se tiró por la ventana de un cuarto piso cuando apenas tenía cinco años. Sobrevivió milagrosamente, pero su cuerpo quedó severamente lesionado.

Aunque no era su línea de trabajo habitual, conseguí que los directores de la clínica me dieran permiso para realizar las sesiones de terapia en un bosque cercano. En aquel momento, aún me faltaban conceptos y más experiencia. Pero me dejé llevar por lo que había visto, sentido y aprendido en mi infancia, especialmente con mi abuela.

Y lo que sucedió superó todas mis expectativas.

Aquellas criaturas, que a su corta edad ya habían atravesado experiencias muy duras, estaban llenas de miedos. Sin embargo, conforme se iban acumulando las sesiones, desarrollaron mayor confianza en sí mismas. Y, al sentirse más seguras, se atrevieron a salir de su zona de confort y asumir riesgos sin que nadie tuviera que animarlas o dirigirlas. Al cabo de unos meses empezamos a ver avances significativos. Sus dificultades se suavizaban y comenzaron a desarrollar capacidades que no hubiéramos imaginado. El bosque se convirtió en su terapia, su medicina, su maestra, pero, sobre todo, en su mejor amigo, su hermano, su compañero...

Cuando años después decidí ser madre, no lo dudé un instante: dejé la gran ciudad, un puesto de responsabilidad y una vida cómoda en París para mudarme a un minúsculo pueblo de Extremadura. Allí, sin pensarlo demasiado, creé una escuela en el bosque llamada Madreselva. Fueron años muy hermosos acompañando a criaturas totalmente «asilvestradas» que crecían al ritmo de la naturaleza. Observándolas, comprendí que el cuerpo —y el alma— humanos, en esencia, no han cambiado nada desde el Neolítico. Y me di cuenta de que, por el camino de la urbanización y del progreso, hemos perdido buena parte de nuestros valores, además de nuestra salud y nuestras potencialidades innatas.

Las vivencias, ideas y reflexiones que fui atesorando a lo largo de los años me llevaron a crear un nuevo enfoque del desarrollo humano, que he denominado *pedagogía verde*.

Se trata de un marco conceptual y metodológico para (re)aprender a ser naturaleza. Para recuperar el contacto con nosotras mismas, con nuestra propia esencia, con los demás y con la Tierra.

Unas gafas de color verde

Como muchas otras cosas en la vida, una pedagogía es una posición; una especie de gafas a través de las cuales miramos el mundo, la infancia, la naturaleza y a nosotras mismas.

En su conocido libro *Por tu propio bien*,[2] la psicoanalista suiza Alice Miller utiliza el término *pedagogía negra* para referirse al tipo de educación violenta y patriarcal cuyo principal objetivo es «domesticar» a unas criaturas que considera «malas por naturaleza». Pretende fundamentalmente suprimir sus impulsos destructivos (y ya, de paso, conseguir obediencia), repartiendo premios y castigos. Miller compara este enfoque con lo que denomina *pedagogía blanca*. Sus objetivos son los mismos, pero, para conseguirlos, utiliza métodos más «suaves», como la retirada del amor y diversas formas de manipulación.

Ambas pedagogías tienen en común una visión moralista de la naturaleza humana. Luchando contra lo que consideran «bajos impulsos», destruyen la espontaneidad y el amor natural hacia la vida. En sus prácticas, muestran una absoluta falta de respeto hacia las necesidades y emociones humanas. Carecen de empatía y desconocen los procesos más básicos del desarrollo humano.

Otros autores[3] hacen referencia a las *pedagogías rojas*, cuyo proyecto crítico y emancipatorio está comprometido con la liberación del ser humano. No solo pretenden que niños, niñas y jóvenes adquieran una serie de conocimientos, sino también que reflexionen y actúen de manera crítica sobre la realidad social y política en la que están inmersos.

Hasta el día de hoy, no tengo conocimiento de que ningún autor haya planteado la posibilidad de una «educación verde». Por eso, hace más de quince años, decidí desarrollar este enfoque educativo. Es verde por la naturaleza (aunque sabemos que esta es de todos los colores), y verde también por el respeto. Cada criatura es para nosotras una semilla. Forma parte de su ecosistema y está dotada de inteligencia innata. Lleva, dentro de sí, todo lo necesario para desarrollarse.

Como en la agricultura ecológica, acompañamos su crecimiento desde la confianza: sin acelerarlo con herbicidas, pesticidas, abonos químicos o grandes podas. Seguimos su ritmo, porque sabemos que las personas, como la terracota más valiosa, necesitan cocerse a fuego lento.

La observamos sin prejuicios, tratando de percibir su singularidad, lo que cada persona tiene de único e irrepetible. A partir de ahí, nuestra tarea más importante es elegir, enriquecer o diseñar los entornos naturales donde encontrará lo que necesita para crecer con salud: luz solar, agua, un suelo fértil, compañía, amor y alegría.

Cultivamos, de manera holística, todas sus dimensiones: sensibilidad, emocionalidad, intuición, imaginación y memoria, que son las bases de la inteligencia y la espiritualidad. Dejamos que poco a poco nos vaya mostrando sus cualidades, sus dones, sus debilidades y, sobre todo, sus fortalezas y potencialidades. Desde nuestra propia conexión con la naturaleza, sentimos y reconocemos sus procesos, sus ritmos...

Mucho más que una ciencia o una técnica, la educación es, para nosotras, el arte de estar en relación. Y la herramienta más importante eres tú, madre, padre, educador o educadora.[4] Tu presencia, tu disponibilidad, tu capacidad de entusiasmo y de contagio; el cuidado que pones en cada gesto, cada palabra, cada emoción. Porque todo lo que eres y haces se queda en el tierno manto de las criaturas, les impacta y puede ser imitado...

¿POR QUÉ EDUCAR CON LA NATURALEZA?

El contacto con la naturaleza nos sana y nos permite desarrollarnos con más plenitud. Es un seguro de bienestar para el presente y el futuro. Una oportunidad única. Un auténtico regalo que no podemos rechazar, porque nos invita a transformarnos y a transformar el mundo: nuestras formas de habitar, de cultivar y criar, de aprender, de producir, de viajar, de descansar... En definitiva, de relacionamos con nosotras mismas y con todos los seres que habitan este hermoso planeta.

Niños, niñas y jóvenes son semillas. Lo que es bueno para ellos, es bueno para todos. No se trata solo de transmitir un legado (seleccionando qué partes merecen verdaderamente la pena), sino de construir otros mundos posibles.

Las vivencias y experiencias concretas en el medio natural estimulan un profundo sentido de amor por la Tierra-vida, la conciencia de pertenecer a algo mucho más grande, a un universo que continúa expandiéndose. Forman una auténtica conciencia ecológica, basada en los afectos antes que en las ideas. Y constituyen una base sólida para la emergencia de una nueva cultura, centrada en el cuidado de lo vivo.

En las páginas que siguen descubrirás cómo nuestras sociedades se han ido alejando progresivamente de la naturaleza y el consiguiente daño ocasionado en la salud, el bienestar y el desarrollo de las criaturas. Reflexionarás sobre el déficit de naturaleza y podrás observarlo en los detalles más pequeños del día a día. Conocerás los beneficios del contacto, las formas en que la Tierra cuida de nosotras. Comprenderás la importancia del juego espontáneo en la naturaleza, un instinto esencial para la vida. Y obtendrás algunas herramientas para empezar a acompañarlo. Aprenderás a manejar conceptos fundamentales como *restauración, asombro, biofobia, biofilia, espiritualidad natural, riesgo, biocentrismo, antropocentrismo...* También te daré ideas para renaturalizar tu casa, tu escuela... ¡y tu vida en general!

Si has llegado hasta aquí es porque tienes claro que no vas a parar. Ahora el trabajo queda en tus manos. Lo confío a tu buen leer y a tu buen hacer.

Y espero que un día tengamos la oportunidad de conocernos.

1

De espaldas a lo vivo

Desde el principio de los tiempos, los cachorros de nuestra especie, que nacen totalmente inmaduros (y prematuros), han crecido en un intenso intercambio con el entorno natural. Gracias a ello, fuimos capaces de adaptarnos a prácticamente toda la geografía de la Tierra y hemos desarrollado esa inteligencia de la que estamos tan orgullosos.

Pero en los últimos siglos, como resultado de una cultura que ha dado la espalda a la naturaleza, la infancia moderna vive secuestrada entre cuatro paredes y un número creciente e indeterminado de pantallas.

Las consecuencias de este aislamiento, en una etapa de la vida en la que se sientan las bases de la persona, son nefastas para la salud, el bienestar y el desarrollo físico, emocional, social, creativo e intelectual de las criaturas.

Los más afectados, como de costumbre, son los niños y las niñas de las familias más desfavorecidas. El contacto con la naturaleza ha sido reconocido oficialmente como un derecho fundamental de la infancia.[1] Y todos los adultos y adultas deberíamos implicarnos para protegerlo.

Infancias secuestradas

Podría ser un castigo o una pesadilla, pero, desgraciadamente, es un hecho real: **jugar al aire libre se ha convertido, para muchos niños y niñas de hoy, en una actividad prohibida.** Bastante más difícil de realizar que para los de hace tres o cuatro décadas.

Habitantes de zonas urbanas o suburbanas, perfectamente cuadriculadas y asfaltadas, viven encerrados entre cuatro paredes. Pasan la mayor parte del tiempo sentados, bajo una luz artificial y respirando un aire estancado; en espacios pequeños, llenos de muebles, juguetes de plástico e ingenios electrónicos. Incluso para acudir a la escuela (y sentarse también frente a una pantalla), cada día se desplazan en automóvil,[2] y reparten su tiempo libre entre el mundo digital y un centro comercial.[3]

Sobrecargados por los deberes y las actividades extraescolares, sus vidas son cada vez más sedentarias; están más organizadas y controladas por los adultos que nunca. **La pérdida de la calle como espacio de socialización espontánea hace que carezcan de lugares propios donde encontrarse con sus iguales, de manera natural y sin supervisión adulta.**

Los estudios demuestran que, desde los años setenta, la distancia de juego autónomo a casa, es decir, todo lo que niños y niñas pueden alejarse de un auténtico «arresto domiciliario» para jugar sin adultos, ha disminuido más del 90 %.

Esto hace que cada vez disfruten de menos tiempo realmente libre, es decir, empleado en actividades elegidas, creadas y dirigidas por ellos mismos. Salvo para estar frente a las pantallas, es decir, para dejarse llevar por una adicción, más que seguir su libre elección.[4] Investigaciones realizadas en Inglaterra entre 2007 y 2009 confirmaron que tan solo el 29 % de los niños y las niñas de entre cinco y doce años disfrutaban de momentos de juego y aventura al aire libre (comparado con el 70 % de hace cincuenta años) y al 51 % no se le permitía subir a un árbol sin supervisión adulta.[5]

Hasta los ochenta, en la mayoría de los pueblos y las ciudades de Europa, jugar significaba «jugar fuera». Los niños disfrutaban de suficiente libertad y disponían de un territorio relativamente amplio para moverse de manera autónoma y encontrarse con otras criaturas. Pero, a lo largo de los años, el significado de una palabra tan decisiva para el desarrollo infantil saludable ha ido cambiando radicalmente. Hoy, por *niño jugando* entendemos una criatura sola, sentada frente a una pantalla.

Sin embargo, por mucho que sus promotores insistan en ensalzar sus ventajas, el mundo virtual representa una especie de «secuestro al cuadrado» cada día más difícil de medir: si en 2010, por ejemplo, podíamos contabilizar el número de horas que niños y niñas pasaban frente a las pantallas,[6] la generalización de las tabletas, los móviles, los ordenadores... y la continua digitalización de la escuela hacen que hoy ya resulte imposible calcularlo.[7]

En una de nuestras interesantes conversaciones, el escritor anglocanadiense Carl Honoré resume de manera brillante la terrible *soledad tecnológica*[8] que soportan los cachorros de una especie tan intensamente social como la nuestra: **«*Los jóvenes de hoy pueden tener cuatrocientos amigos en Facebook, pero ni uno solo para bajar a jugar al parque*».**[9]

¿Cómo se llama ese *pidgey*?

Como casi todos los felinos, la gata de Javier se vuelve loca con los pájaros. Va continuamente detrás de los gorriones y, muchas veces, se pone al borde del abismo. En uno de esos momentos de sobresalto, su dueño exclama: «¡No, Pantera, por favor! ¡Suelta ya a ese..., ¿cómo se llama? Ese *pidgey*!».

La palabra *gorrión* no está en el vocabulario de este joven de treinta años, titular de un doble grado universitario y reconocido profesional en el mundo de las finanzas. Desorientado, Javier tiene que recurrir al Pokémon pájaro para designar una realidad a la que visiblemente no está habituado.

Enchufados a las pantallas permanentemente, con los fines de semana repartidos entre estas y los centros comerciales, no es de extrañar que la mayoría de los niños y las niñas de hoy, como los de hace una o dos décadas, conozcan de memoria decenas de nombres de películas, dibujos y marcas comerciales. Un estudio clásico del Departamento de Zoología de la Universidad de Cambridge muestra que los alumnos de primaria son capaces de nombrar muchos más personajes de la serie *Pokémon* que especies animales y vegetales de su entorno local.[10] Cuando llegan a secundaria, pueden citar menos del 50 % de las más comunes.

En el mundo de la educación, circulan numerosas anécdotas de este tipo: niños y niñas creen que la leche viene del tetrabrik; el calor, de las calefacciones; el agua, del grifo; y la ropa, de las tiendas. Muchos no saben diferenciar entre un pepino y un calabacín. Es lo normal en una cultura hipertecnológica, que al separarlos de la biosfera genera un profundo analfabetismo ambiental.

En sus conclusiones, **los investigadores de Cambridge apelan a la necesidad de conocer mejor el mundo natural para evitar nuestro creciente aislamiento**. Pero, con el término *conocer*, ¿se refieren al clásico aprendizaje escolar? ¿O al conocimiento por la experiencia a través de los sentidos? ¿A la «familiaridad» que se crea en una relación directa? ¿O al saber académico?

A lo largo de los últimos quince años, he debatido sobre esta cuestión con académicos, investigadores, maestras y profesoras de Biología, de Ciencias Ambientales, etcétera.

La mayoría sostiene que el cariño hacia plantas y animales nace de un conocimiento más o menos «científico». Por eso, desde su punto de vista, niños, niñas y jóvenes deberían estudiar más ciencias ambientales en la escuela. Aunque sobre el fondo estamos de acuerdo, mi perspectiva es que **el conocimiento intelectual no lleva «naturalmente» al respeto. Incluso puede bloquearlo. A la hora de**

amar, el roce es imprescindible. Por eso, el aprendizaje debe basarse siempre en la experiencia, en lugar de mediado por imágenes y conceptos abstractos.

Paradójicamente, los medios de comunicación y los métodos escolares convencionales pueden alejarnos de la naturaleza incluso cuando intentan acercarnos a ella, como en este otro estudio.[11]

Los investigadores ofrecieron fotografías de animales (mamíferos, aves, peces, reptiles y anfibios) a una muestra de escolares españoles de entre once y quince años. La mitad de las imágenes eran de animales exóticos, y la otra mitad, de fauna local. La inmensa mayoría de los encuestados identificaban más fácilmente a las especies exóticas (que viven a miles de kilómetros de sus casas), que a las especies locales y autóctonas. Les resultaron más «familiares» una jirafa y un elefante que un zorro y un corzo. Podían nombrar al cocodrilo, pero no conocían a la salamandra.

Las criaturas de hoy pueden conocer de memoria el nombre científico de varias especies de dinosaurios, mientras se sorprenden al descubrir ¡que las ortigas «pican»!

Como veremos, la base de un conocimiento auténtico, holístico, saludable, afectivo y efectivo es sensorial y emocional. Lo lingüístico viene después.

Junto a la vida en el «mundo paralelo» de las pantallas, otro aspecto importante de la degradación ambiental es que los adultos hemos dejado de transmitir no solo los nombres de plantas y animales, sino todo un legado cultural de conocimientos, costumbres, remedios, mitos, ritos y otras formas de arte «popular». Tradiciones llenas de sabiduría ancestral sobre las plantas, los animales, las estaciones..., que nuestros abuelos fueron atesorando en sus vidas rurales y campesinas, fuertemente vinculadas a la tierra. Sin la transmisión de ese legado, **cada nueva generación cree que el entorno natural fue siempre tal y como lo ha conocido.** Apenas se da cuenta del deterioro que ha sufrido, ni de la lenta desaparición de las especies.

Si queremos que los más pequeños crezcan con salud y aprendan a amar, cuidar y valorar la biodiversidad, es preciso que la conozcan a través de la experiencia directa y del contacto cotidiano. Es desde la base de ese contacto como se construye un conocimiento afectivo y con sentido. Un conocimiento en el que **las palabras importan porque somos** *animales de lenguaje,* **y perderlas significa, en muchos sentidos, hacer desaparecer de nuestras vidas las realidades que designan.**

La pasividad del espectador

La falta de contacto directo con personas, animales, plantas y otros elementos naturales se suple con una oferta creciente de representaciones abstractas y realidades virtuales, en un mercado de bienes y servicios que constantemente emula a la naturaleza. Millones de personas entran cada día en las redes sociales para «entretenerse» con distintos «juegos» de granja que, básicamente, consisten en cuidar cabras, vacas, caballos, peces, perros, gatos y otros animales digitales.[12]

La atracción espontánea que niños, jóvenes y adultos sentimos hacia el mundo natural sostiene una boyante industria de sonidos, fotografías fijas o en movimiento, dibujos, etcétera. Unos sustitutos artificiales que nos separan de los demás seres vivos, contribuyendo a acrecentar la trágica separación entre infancia y naturaleza, en casa y en la escuela.

La cada vez más invasiva digitalización de la educación no solo los separa de sus respectivos entornos naturales, sino también de su propia capacidad de agencia y de las posibilidades de interacción con otras personas, que también son naturaleza.

Por el camino, niños y niñas pierden capacidades esenciales de actuación, relación, creación y disfrute. Dejan de ser los protagonistas activos de sus propias vidas, para convertirse en espectadores pasivos y, como señala la educadora escocesa Claire Warden, para vivirlas de segunda mano:

> *En lugar, por ejemplo, de subir a una montaña, ven cómo otra persona lo hace por ellos a través de una pantalla. Ya no preparan colonia con pétalos de rosas, como hacíamos cuando yo era pequeña; ahora la venden en las tiendas, por supuesto, en botellas de plástico.*

Recuerdo a una niña de unos siete años que pasaba la mayor parte de su tiempo libre con la tableta, con un videojuego para «cocinar» magdalenas, evidentemente, sobre un fondo rosa. Después de «jugar» un rato con ella, me aburría tanto que intenté llevármela a la cocina para «meter las manos en la masa». Me miró como si le estuviera proponiendo algo completamente loco. Tenía miedo a mancharse, a que sus padres la riñeran, y quizá también a emprender algo nuevo para lo que no se sentía preparada.

Me produce tristeza pensar que un buen número de menores de treinta y cinco años (algunos de los cuales ya son madres y padres o pronto lo serán) apenas han tenido experiencias directas ni en el campo ¡ni en sus cocinas! Quizá nunca han podido construir cabañas en los árboles, ni pescar renacuajos, ni hacer pasteles con agua y tierra, ni perderse con la bici y los amigos por el monte. Tal vez son capaces de distinguir entre una encina y un roble, pero a muchos les ha faltado algo más profundo: una fuerte conexión con la vida, con la energía de la que procedemos y que nos constituye.

¿Cuáles pueden ser las consecuencias de toda una generación que ha perdido el contacto con la Tierra? ¿Será posible recuperar el tiempo perdido? «*Algunos están descubriendo la naturaleza precisamente gracias a sus hijos* —asegura de nuevo Claire Warden—. *Han visto en ellos esa necesidad y, al tratar de satisfacerla, se están ayudando a sí mismos*».

El problema de la seguridad es uno de los más invocados a la hora de explicar la radical disminución de las actividades al aire libre. Y casi podríamos decir que de las actividades en general. Riesgo de caídas y accidentes, tráfico peligroso, inseguridad ciudadana, miedo a los extraños... Sin embargo, la evidencia indica que el número de secuestros de niños y niñas ha permanecido idéntico en las últimas tres décadas, la ratio de crímenes infantiles ha disminuido hasta niveles más bajos que en 1975 y los atropellos se han reducido considerablemente. Claro que una parte de estos logros se han conseguido a costa de limitar la libertad de movimiento de los pequeños.

Es evidente que, **si queremos educar a criaturas que no se rompan con solo mirarlas, necesitamos otra forma de entender el riesgo y, sobre todo, de gestionarlo.**

EL DÉFICIT DE NATURALEZA

De búnkeres y burbujas tecnológicas

La situación que hoy vive la infancia no es casual. Es una consecuencia directa del estilo de vida, cada vez más desconectado, que llevamos.

Aunque nos contentamos pensando en lo confortables que son nuestras viviendas y en lo prácticas que resultan las tecnologías, la realidad es que **vivimos enclaustradas. Lo hacemos por costumbre, y también porque, inconscientemente, percibimos el mundo de alrededor como amenazante.** Un universo del que nos protegemos erigiendo altos y espesos muros que nos apartan de lo vivo.

La belleza y el misterio de lo salvaje nos atraen, pero nos asusta el desorden que intuimos, el caos que imaginamos. Por eso, cubrimos la tierra con espesas masas de cemento, construimos hábitats artificiales y colocamos árboles y plantas en macetas, como simples adornos. Edificamos casas «asépticas», con un concepto de higiene entendido, erróneamente, como total ausencia de vida. Cerrados sobre sí mismos, nuestros hogares se han convertido en auténticos búnkeres. Cápsulas tecnológicas que nos separan del entorno. Refugios en los que nos sentimos seguros, pero que también nos asfixian.

Cuanto más nos alejamos física y emocionalmente de nuestra conexión con los elementos y los seres que pueblan la Tierra, más dificultades tenemos para relacionarnos, y más nos encerramos en nuestras burbujas. El aislamiento y la falta de costumbre se retroalimentan.

Vivimos hacinadas en gigantescas urbes, parecidas a las ciudades encapsuladas de las que habla Isaac Asimov, el famoso autor de ciencia ficción, en su conocida novela *Bóvedas de acero*. Hemos desarrollado un temor antinatural a los espacios abiertos, que nos esforzamos por acotar, cubrir, vallar, rayar y limitar de mil maneras. Nuestra cultura se está volviendo agorafóbica. Atrapados en nuestras bóvedas de acero, cada vez nos resulta más difícil superar nuestra alienación de un universo «más que humano», del que dependemos cada vez que respiramos.

La naturaleza es ahora «un bien de consumo», separado en dos mitades: una paradisiaca, con la que soñamos; otra amenazadora, de la que intentamos huir. En la versión idílica, es un escenario que nos embellece: hermosas imágenes de lugares exóticos, asépticos y lejanos. En la desagradable, un peligro del que intentamos protegernos con un sinfín de artilugios.

La tecnología nos aleja de nuestro entorno más cercano. Y nos acerca a paraísos lejanos y artificiales. Apenas percibimos lo que nos rodea. Parapetados detrás de las pantallas, no alcanzamos a ver «lo real». Ni tampoco a relacionarnos con ello. Y cuando lo hacemos, es de manera superficial, o incluso maltratadora y distante. No es extraño que nuestros hijos e hijas acaben encontrándola aburrida porque no hay enchufes para recargar sus dispositivos electrónicos. **La sencillez del mundo natural, que se nos ofrece silenciosa y gratuitamente, resulta pobre para nuestra sociedad de la opulencia.**

¿Una nueva dolencia?

En su conocido libro *Last Child in the Woods*,[13] el autor estadounidense Richard Louv, acuña el concepto *trastorno por déficit de naturaleza*, basándose en investigaciones psicológicas que demuestran los beneficios del contacto para tratar una gran variedad de dolencias. Con esta expresión, Louv formula una hipótesis: que muchos trastornos «modernos», como **la depresión, el estrés, la ansiedad y el déficit de atención-hiperactividad que afectan a la infancia podrían tener una causa común: la falta de contacto con el medio natural.** Su intención no es acuñar una nueva categoría diagnóstica en un sentido clínico o científico, sino más bien formular una hipótesis que puede ayudarnos a comprender las dificultades de los niños y las niñas de hoy.

Con este término, el periodista estadounidense tiene el mérito de llamar la atención sobre la decisiva importancia de las condiciones ambientales para el desarrollo saludable de la infancia.[14]

El ser humano nace, crece y se desarrolla en estrecho vínculo con el medio. Nuestros organismos se caracterizan por su plasticidad, una enorme capacidad para adaptarse al medio, mayor cuanto más jóvenes somos. Para transformarlo... y transformarnos. A esta habilidad la llamamos *inteligencia*. Gracias a ella, hemos conseguido que una especie con muy pocas cualidades físicas (no poseemos un cuerpo completamente cubierto de pelo ni grandes garras, afilados colmillos o poderosas alas, ni tenemos la capacidad de correr a gran velocidad), habite prácticamente en todos los rincones de la Tierra.

Es innegable que en el desarrollo humano la genética también desempeña un papel muy importante. Pero sabemos por los estudios de epigenética que **nuestra memoria biológica puede llegar a modificarse por la presión del medio.**

Asumir que no importa el contexto donde crezca una criatura, que todo depende de sus genes, es totalmente falso y también irresponsable. Conociendo como conocemos el tipo de entornos que nos hacen florecer, deberíamos poder modificar las características de los espacios más fácilmente que nuestra biología. Sin embargo, paradójicamente, nuestro mundo parece ir justo al revés... Globalmente, las condiciones ambientales no han dejado de deteriorarse en las últimas décadas para la mayoría. Mientras, continúan desarrollándose tecnologías capaces de transformar e incluso de producir organismos vivos.

Las pantallas son, sin duda, uno de los factores que más nos aíslan del mundo natural, tanto humano como más que humano. Pero son solo una parte de las rápidas y negativas transformaciones de nuestra forma de vida.

De hecho, muchos de los problemas que sufrimos, y que sufren las criaturas, pueden deberse a que nuestro cerebro —que apenas se ha modificado en los últimos doscientos cincuenta mil años— no está preparado para digerir el exceso de estimulación que supone el paso de una sociedad rural a otra altamente urbanizada. Aunque es un órgano extremadamente fuerte y flexible, y un alto porcentaje de criaturas suelen adaptarse correctamente, muchas de ellas nunca lo consiguen.

Más allá de la experiencia y de la simple intuición, numerosas investigaciones, que mencionaremos a lo largo de esta obra, confirman nuestra necesidad innata de contacto con la naturaleza.

Madres, padres, educadores, responsables políticos y administrativos deberíamos asumir que, además de afecto, buena nutrición y un sueño reparador, los niños y las niñas necesitan una Tierra sana con la que mantener una intensa relación afectiva. Reducir el déficit de naturaleza, superar la alienación infantil respecto al medio natural, debería ser un objetivo común en el que sumar todos nuestros esfuerzos. Y no solo por razones románticas, estéticas o de justicia, sino porque de ello depende la salud mental, física y espiritual de nuestra especie y del planeta en su conjunto. La forma en que los jóvenes aprendan a amar y respetar la Tierra, la manera en que eduquen en estos valores a sus propios hijos, va a determinar las condiciones en las que evolucionará, en los próximos años, la vida en nuestras ciudades y hogares.

COSTES DE LA DESNATURALIZACIÓN

El déficit de naturaleza describe los costes de nuestra alienación del medio natural: la forma en que, **debido a la falta de contacto con la naturaleza, nos desnaturalizamos y nos deshumanizamos; es decir, dejamos de vivir con plenitud, perdemos salud y bienestar físico, social, emocional...**, pero también dejamos de desarrollar cualidades innatas. Rasgos que caracterizan a nuestra especie desde el principio de los tiempos y que nos hacen plenamente humanos. La tendencia a la desnaturalización puede observarse tanto en un ámbito más individual como en uno grupal: familias, escuelas, comunidades... E incluso en toda la sociedad. Estas son algunas de sus consecuencias.

Espontaneidad y alegría

Vivimos más años que nuestros antepasados primitivos, disfrutamos de más confort que los «salvajes», estamos casi exentos de dolor, de muchas enfermedades, del hambre, de la sed y de la fatiga. Pero nos reímos mucho menos que los pueblos primitivos. Nos aburrimos infinitamente más y carecemos de la espontaneidad, el optimismo permanente y la fe en sí mismo que tiene el hombre de la naturaleza. La impresión que han sacado todos los viajeros y etnólogos que entraron en contacto por primera vez con tribus de cultura antigua, bien sea en las regiones árticas, en los desiertos sudafricanos o en la estepa australiana, es la de su permanente felicidad, alterada únicamente por los imperativos del medioambiente; imperativos a los que, generalmente, estaban magnífi-

camente adaptados. Y la hospitalidad, la ayuda mutua, la sinceridad, el carácter «infantil» de los hombres de la naturaleza son virtudes en las que coinciden todos los científicos que los han estudiado. ¿Por qué han perdido los hombres civilizados todas estas características del comportamiento que podrían encerrarse en la palabra espontaneidad*? ¿Por qué tienen que pensar tantas veces las cosas antes de realizarlas? Seguramente porque llevamos mil años alejados de la naturaleza.*[15]

Como señala Félix Rodríguez de la Fuente, en los últimos siglos, buen número de antropólogos, etnólogos y exploradores quedaron impresionados y gratamente sorprendidos por las cualidades humanas de los pueblos indígenas de los cinco continentes: su risa exuberante y visceral, su vigor físico y emocional, la claridad y agudeza de sus sentidos, y las vidas saludables, armoniosas y felices que suelen llevar, muchas veces alteradas, precisamente, por la intrusión del hombre blanco. Algunos, como el propio Félix, destacan el bienestar y la felicidad de los niños en estas culturas que les permiten vivir sus instintos naturales, sin ningún tipo de inhibiciones ni frustraciones. Sus observaciones sobre la pérdida de naturalidad, espontaneidad y autenticidad del ser humano «moderno» y «civilizado», cuando se le compara con sus homólogos «salvajes», encierran una gran verdad que resulta fácil de intuir y más difícil de explicar. **El contacto con la naturaleza pone a las personas en su lugar, las sitúa dentro de un marco más amplio, en relación con todo, permitiéndoles centrarse en las cosas que son realmente importantes para ellas.** La autenticidad, eso que llamamos *ser una misma*, no es más que el resultado de una profunda conexión con nuestro ser natural, de una confianza básica en la bondad de nuestra propia naturaleza.[16]

Por el contrario, el aislamiento al que la civilización nos condena nos aleja también de nosotras mismas (de nuestras emociones, sentimientos y deseos auténticos). En esa distancia, perdemos lo esencial: ya no sabemos qué es importante, ni distinguimos lo superfluo de lo fundamental; experimentamos confusión, falta de criterios, dificultades para discriminar lo real de lo virtual y desorientación. Construimos una existencia falsa, basada en normas sociales y culturales, en lugar de en nuestros propios instintos. Esta es, según algunos autores,[17] la causa principal de casi todas las enfermedades y los sufrimientos y, en general, de la infelicidad humana.

Ritmos alterados

La separación física y sensorial del mundo natural, interno y externo, puede tomar formas muy sutiles. La contaminación lumínica en las ciudades, por ejemplo, nos impide percibir la completa oscuridad y no nos permite ver las estrellas. Esta circunstancia, a primera vista «anodina», puede hacer desaparecer algunas de las experiencias humanas más significativas. **Muchas personas pasan tantas horas entre paredes que no son conscientes de los cambios del clima ni de las estaciones.** La primavera, el otoño, el verano y el invierno son para ellos una imagen abstracta, exclusivamente visual, de un libro o de una ficha escolar.

La vivencia del tiempo también se altera. El tiempo orgánico, pausado y constante de la naturaleza, cuyos ciclos, generalmente largos, pueden durar meses, nada tiene que ver con el tiempo mecánico de la sociedad, marcado por el reloj. El primero se ajusta a nuestros ritmos internos de animales solares y lunares, mientras que el segundo nos impone una cadencia desde fuera que nos lleva a vivir en una aceleración permanente especialmente ahora en la frenética era de los móviles y las nuevas tecnologías. La desestabilización de los biorritmos provoca a menudo, en grandes y pequeños, alteraciones del sueño y de los ciclos vitales.

Desgraciadamente, la mayoría de los adultos apenas percibimos esta carencia y sus consecuencias; nos hemos acostumbrado a vivir «desconectados» y lo consideramos normal. Los niños, en cambio, solo pueden pasar por alto su realidad interior, la consciencia de su cuerpo y de sus sensaciones, tras un largo entrenamiento al que, en ocasiones, llamamos *educación*.

Sensibilidad limitada

Uno de los principales efectos de la vida moderna es que los sentidos se estrechan, fisiológica y psicológicamente, lo que contribuye a reducir la riqueza de la experiencia. El exceso de estimulación al que estamos sometidos (ya sea por los paneles publicitarios, los letreros luminosos o el bombardeo mediático de la televisión, los ordenadores y los móviles), su elevada intensidad, grado de abstracción y falta de relación con experiencias directas, así como su focalización en unos órganos sensoriales (especialmente la vista y el oído) más que en otros (el tacto, el gusto, el olfato, la kinestesia o sensación del propio cuerpo y su movimiento) es una de las causas principales de esta contracción. En las criaturas, **la sobreestimulación a la que los expone la luz de las pantallas, los juguetes de colores chillones y los ruidos estridentes tiende a provocar una especie de adicción**: para evitar el «aburrimiento», necesitan intensidades cada vez más elevadas.

Además, el mundo artificial en el que nos movemos solicita fuertemente nuestra atención de forma puntual y secuencial (unas cosas vienen después de otras), exigiéndonos una intensa concentración que consume nuestra energía y acaba por resultar agotadora. La fatiga sensorial es especialmente acusada en el caso de niños y niñas, cuyo estado natural es la «atención difusa»: son capaces de registrar un elevado número de estímulos al mismo tiempo. Y dejarlos fuera para focalizarse en uno solo les consume muchísima energía. De ahí el cansancio cuando, por ejemplo, pasan mucho tiempo mirando una pantalla. Esta fatiga, en la mayoría de los casos, se traduce en conductas impulsivas, agitación, irritabilidad e incapacidad para centrarse. Pierden presencia y apertura al mundo, y el alejamiento les produce una tensión interna a menudo insoportable.

Salud y bienestar

Otra consecuencia directa de la vida en la cápsula tecnológica y el arresto domiciliario que vive la infancia de hoy es la falta de movimiento. Niños y niñas pasan mucho tiempo realizando actividades pasivas en casa y en la escuela. Apenas tienen oportunidades de juego espontáneo al aire libre, ni de participación activa en las tareas de la vida cotidiana. Estamos frente a las primeras generaciones de personas que han crecido principalmente sentadas.

Existe una importantísima relación entre la falta de movimiento físico y el debilitamiento del sistema inmunitario; por eso, las consecuencias del arresto domiciliario y del sedentarismo forzado que sufre la infancia son amplias y muy preocupantes. Se asocian a una gran variedad de problemas fisiológicos, como obesidad, diabetes, colesterol, presión arterial, enfermedades del corazón e incluso cáncer; y psicológicos, como retrasos en el desarrollo motor, dificultades para concentrarse, conductas disruptivas, alteraciones del sueño, ansiedad, baja autoestima, estrés, depresión...

Veamos, por ejemplo, el problema de la obesidad. En 2020, en España, uno de cada tres menores de entre dos y diecisiete años tenía exceso de peso y uno de cada diez obesidad. La prevalencia es mayor en niños (33,7 %) que en niñas (26%).[18]

Las tasas se han multiplicado por cuatro en las últimas décadas. Se trata de un problema global que afecta a millones de niños y que va en aumento, particularmente en los países de ingresos bajos y medios, y en los entornos urbanos. La propia OMS estima que en 2024, el número de menores de cinco años con sobrepeso superaba los 35 millones en todo el mundo, en el que casi la mitad de estos casos se centraban en zonas urbanas y pobres de Asia, y una cuarta parte en África.[19]

La obesidad infantil es una enfermedad crónica, con graves repercusiones para la salud general de la población. La falta de movimiento y la mala alimentación son sus principales causas.

Cuando una persona es obesa en la infancia, es más fácil que lo sea también en la edad adulta, porque ha adquirido tempranamente unos malos hábitos que tienden a prolongarse durante toda su vida. Contrariamente a la creencia popular de que una criatura bien alimentada debe verse «gordita», **la obesidad no está asociada a una mejor alimentación, sino al consumo de «comida rápida»**: alimentos altamente procesados y refinados que contienen un exceso de azúcar, sal y grasas saturadas e hidrogenadas, como panes y bollos envasados, cereales para el desayuno, productos cárnicos reconstituidos, precocinados y refrescos. En su inmensa mayoría, contienen saborizantes, colorantes, emulsionantes y otros aditivos artificiales, muy perjudiciales para la salud. Además, son altamente adictivos e inducen patrones de alimentación poco saludables, como saltarse las comidas principales, comer entre horas o mirando una pantalla.

El **movimiento resulta imprescindible para una buena salud física y mental**. Mejora el sueño, fomenta la relajación y el buen humor, disminuye el estrés y la ansiedad, aumenta la autoestima y la capacidad de concentración, y favorece el desarrollo cognitivo.

Por supuesto, está íntimamente vinculado al desarrollo de la motricidad, una de las bases fundamentales de la persona, que determina su autonomía, la confianza en sí misma y, en general, la forma en que se «enfrenta» al mundo.

Durante los primeros años de vida, la ventana de las capacidades motoras está abierta de par en par. Es el momento ideal para desarrollarlas. Ser capaces de caminar, de andar erguidos y responder a los numerosos retos del aparato motor que se presentan con cada desplazamiento es uno de los aprendizajes más importantes y complejos para el ser humano. Implican un conjunto de habilidades esenciales sobre las que vamos a apoyarnos el resto de la vida: la percepción y la orientación espacial, el sentido del equilibrio, la propiocepción (sentir nuestros órganos internos), y la coordinación gruesa y fina, entre otras. La actividad sensoriomotora, en la primera infancia, fortalece los músculos y los huesos que en esos momentos están creciendo rápidamente, desarrolla y afina los sentidos y, en general, ayuda a madurar el sistema nervioso. La inmensa mayoría de los trastornos del neurodesarrollo más conocidos son fruto de la inmadurez nerviosa, producida por la falta de movimiento y de una estimulación sensorial adecuada.

A veces, esta carencia está directamente relacionada con la estrechez de los espacios en casa y en la escuela. El acceso a una vivienda digna resulta cada vez más complicado, en especial para las familias de nivel socioeconómico medio y bajo.[20]

Incluso cuando se dispone de espacio suficiente, los domicilios están abarrotados de muebles y otros objetos que no favorecen el movimiento de los niños.

Contrariamente a lo que podríamos esperar, las escuelas tampoco permiten compensar las carencias de espacio vital para el movimiento libre. En la mayoría, los alumnos se encuentran literalmente hacinados. Condenados a pasar la mayor parte del tiempo sentados, en espacios interiores reducidos y sin acceso directo al entorno. Rodeados de objetos con colores chillones y un ruido insoportable, debido a la mala insonorización de los edificios, así como a la presencia de pantallas y aparatos de música. «*Todo esto estresa a los niños*», asegura la genial educadora escocesa Cathy Bache, creadora de The Secret Garden.[21]

Y, efectivamente, el solo hecho de estar confinados y hacinados entre cuatro paredes pone nervioso a cualquier mamífero porque, en esa situación, teme una amenaza inminente para su vida. Experimentos históricos con roedores[22] señalan las desastrosas consecuencias sobre el comportamiento social y la salud psicológica de los animales con una elevada densidad poblacional. Entre estas, se incluyen desorientación, elevada mortalidad infantil, hiperactividad, pérdida de contacto con los instintos naturales, comportamientos violentos y desviación en la conducta sexual y alimentaria. Aunque, al parecer, los seres humanos somos capaces de adaptarnos mejor que otras especies, **un desarrollo saludable requiere de espacio personal suficiente para moverse y explorar.**

Con todo esto, desgraciadamente, cada vez son más las criaturas de tres, cuatro y cinco años con escasas habilidades motoras, problemas del lenguaje y de socialización, falta de iniciativa y dificultades para concentrarse.[23] Un preocupante caldo de cultivo para que, más tarde, muchas de ellas padezcan distintos tipos de dolencias psicosomáticas (asma, alergias...) o sean etiquetadas con los diagnósticos de moda: dislexia, disfasia, problemas de conducta, déficit de atención, impulsividad, trastorno por déficit de atención con hiperactividad (TDAH), trastornos del espectro autista (TEA), ansiedad e incluso depresión.[24]

En su ya citada obra de 2005, Richard Louv comentaba que «*los preescolares se han convertido en el grupo más amplio de consumidores potenciales para el mercado de los antidepresivos*». Y con los años, todo apunta a que no se equivocaba.[25]

Casi tres décadas antes, en su citada obra, el gran Félix Rodríguez de la Fuente ya relacionaba los problemas de los jóvenes en las sociedades avanzadas (violencia, depresiones, suicidios, toxicomanías...) con la sintomatología que presenta el animal de laboratorio, arrancado prematuramente de su biotopo y enjaulado.[26]

¿CÓMO HEMOS LLEGADO A ESTA SITUACIÓN?

Con el éxodo masivo del campo a la ciudad y la consolidación de grandes masas de población urbana y periurbana en el último siglo, **hemos desarrollado una creencia arraigada: que estar «dentro» es más seguro que salir «fuera».** Pensamos, por ejemplo, que los automóviles son más peligrosos cuando somos peatones que cuando nos desplazamos en ellos. **Sin embargo, los datos contradicen esta creencia**: los accidentes de tráfico en carretera (y las lesiones que producen) son mucho más importantes que los atropellos, que, durante mucho tiempo (de 1990 a 2016), fueron la primera causa de muerte accidental infantil. Aunque en los últimos años las cifras han disminuido, en 2023 se registró la segunda cifra más alta de mortalidad en carretera entre niños de 0 a 14 años de los últimos diez años en España.[27]

Imaginamos que si las criaturas se exponen al frío, van a contraer enfermedades respiratorias. Pero las investigaciones demuestran que este tipo de dolencias se desarrollan, precisamente, cuando pasan demasiado tiempo en espacios cerrados, inhalando un aire contaminado por los ácaros del polvo, las sustancias tóxicas que desprenden los materiales de construcción y las bacterias que transitan en los circuitos de calefacción y aire acondicionado.

En materia de accidentes (caídas, cortes, quemaduras, envenenamientos o asfixias), la inmensa mayoría se produce en los domicilios, especialmente en las cocinas, escaleras, baños y piscinas.[28] Una investigación de la Royal Society for the Prevention of Accidents (la Real Sociedad para la Prevención de Accidentes británica) encontró, por ejemplo, que se caen más niños y niñas de las camas nido o de las literas que de los árboles. Es muy probable que esto no se deba a la mayor seguridad de estos últimos (aunque se debería investigar), sino, simplemente, a que los pequeños frecuentan más las primeras. Pero ¿y si tuviesen más oportunidades de trepar a los árboles? ¿Se caerían menos de las literas? Parece un acertijo, pero es una pregunta realmente seria. La cuestión de la seguridad no debería verse como algo pasivo. Requiere de la participación activa de la persona que estamos protegiendo y, por tanto, de sus habilidades.

Por eso, creo sinceramente que la respuesta a la pregunta anterior es positiva: **el déficit de naturaleza conlleva, en buena medida, una** falta de oportunidades para el desarrollo de capacidades vitales como la motricidad, que redundan en todas las áreas de la vida.

Entonces, ¿será cierto que estarse quietecito en casa es la mejor manera de evitar accidentes? O, como me decía Miguel (de ocho años), ¿será verdad que «*los juegos electrónicos se han inventado para que no nos lastimemos*»?

¿Una infancia recluida entre paredes, sentada frente a una pantalla, sin hacer ejercicio ni enfrentar ningún riesgo, no supone ningún peligro? ¿Están más seguros nuestros hijos e hijas frente al ordenador, el televisor o la consola, que jugando en el parque? Tanto desde el punto de vista de la salud física como de la salud mental, la respuesta es no.

LAS QUE MÁS LO NECESITAN

Una de las cosas que más han cambiado desde que escribí por primera vez *Educar en verde* en el año 2010 es que **el déficit de naturaleza no afecta de la misma manera a las distintas clases sociales.** Las infancias urbanas de bajos ingresos tienen un riesgo mucho más elevado de sufrirlo de manera aguda.

En general, las familias con menos recursos comen peor, se informan menos sobre la salud y pasan los fines de semana en *Alcampo*. Sus legítimas aspiraciones sociales hacen que sus criaturas den mucha importancia a las marcas (en algunos países, a los recién nacidos les ponen nombres de firmas de lujo). Y algunos, cuando les preguntan qué es lo contrario de *día*, responden que *Carrefour*.

En la última década, la interacción con la naturaleza se ha convertido en un bien escaso. Un auténtico artículo de lujo: cuanto más dinero tienes, más dispuesto estás a gastar lo que sea para vivir con tu familia en áreas tranquilas no contaminadas. Quieres tener acceso directo y «privado» a zonas verdes. Y que tus hijos e hijas crezcan sin pantallas: con experiencias directas y personas reales.

Por mucho que desde las administraciones públicas se insista en la importancia de reducir la famosa «brecha digital», los dispositivos electrónicos se han popularizado, son más económicos —en muchos lugares, incluso te los regalan— y están por todas partes. En servicios como la educación o la salud, las tecnologías se utilizan para reducir costes laborales. En escuelas, hospitales, centros geriátricos, aeropuertos, restaurantes..., cada vez hay más aparatos que sustituyen el trato humano por la fría y muchas veces desesperante interacción con una máquina.[29]

Las cosas han cambiado bastante desde que, en 1984, comprarse un Mac costaba unos seis mil de los dólares actuales. Hoy, el silencio, el aire limpio o la simple y desnuda interacción humana —vivir sin móvil por un día, renunciar a las redes sociales y no tener que responder correos electrónicos— se han vuelto símbolos de estatus.

Altos cargos de Silicon Valley confiesan que educan a sus retoños con reglas muy estrictas sobre el uso de pantallas. Y que los llevan a escuelas privadas tipo Waldorf, donde tienen prohibido utilizarlas.[30]

Los más «ricos» no solo están dispuestos a pagar sumas elevadas para contratar profesores humanos con los que sus hijos e hijas puedan relacionarse; también quieren que sus pequeños jueguen con agua y barro. Cada vez son más las familias dispuestas incluso a cambiar su residencia, ya sea nacional o internacionalmente, para conseguir que sus criaturas acudan a escuelas sin paredes, donde no se los obligue a sentarse durante horas y puedan moverse libremente, explorar, experimentar y aprender, desarrollando todas sus capacidades en contacto con la naturaleza.

Hace unos meses, la periodista catalana Eva Millet, que estaba escribiendo un reportaje sobre este asunto,[31] me llamó para conocer mi opinión. Le dije que no podemos acusar de estas desigualdades a unas familias que, después de todo, solo buscan lo mejor para sus criaturas (y que, además, pueden pagarlo).

Desde mi punto de vista, los Gobiernos, las administraciones y la ciudadanía en su conjunto somos los responsables de garantizar el cumplimiento de los derechos de la infancia, recogidos en la Convención de 1989 y ratificados prácticamente por todos los países. La Observación General número 26 (CRC/C/GC/26), del 22 de agosto de 2023, por ejemplo, reconoce que la contaminación generalizada representa una fuerte amenaza para su salud y bienestar. Y recoge explícitamente, su derecho a vivir en un medioambiente limpio, sano y sostenible.[32]

Además, el derecho al contacto con la naturaleza, su decisivo valor para la infancia (sancionado por miles de estudios científicos) aparece indirectamente en muchos otros artículos de la Convención, que se refieren al derecho al disfrute, al juego, al pleno desarrollo y a la no discriminación.

Siempre lamento no tener la suerte de vivir en un país que cuida y se preocupa por su infancia.[33] Me resulta difícil entender que algo que considero sagrado no sea lo suficientemente importante para la mayoría de la población. A las familias, por ejemplo, les importa la infancia por regla general solo hasta que sus hijos e hijas crecen. No se dan cuenta de que, cuando sus criaturas sean mayores, habrá otros niños y niñas con idénticas necesidades.

Las criaturas son una categoría permanente de nuestra sociedad. Si algún día desaparecieran, nuestro futuro estaría comprometido, y a nuestro presente le faltarían belleza, inocencia, espontaneidad y alegría. Por eso, ningún adulto debería eludir su responsabilidad hacia todas las infancias: las de hoy y las de mañana, las del norte y las del sur, las favorecidas y, especialmente, las más desfavorecidas.

CAPÍTULO

2

Los beneficios del contacto

Junto con la medicina y la pediatría, la moderna psicología ambiental ha venido a corroborar, una vez más, los beneficios del contacto con la naturaleza en todos los ámbitos de nuestra vida. Además de madre, la naturaleza es una doctora holística que cuida nuestra salud física y mental. Que restaura nuestra capacidad de atención y nos ayuda a superar el estrés. Que nos calma, fortalece nuestro sistema inmunitario y reactiva nuestro poder de autosanación.

Desde los orígenes de nuestra especie, el contacto con la naturaleza asegura el desarrollo armónico de nuestras criaturas y su máxima vitalidad. En cada una de las etapas de la infancia, niños y niñas necesitan un acompañamiento específico del mundo natural para crecer en todo su potencial. Un acompañamiento que, junto con de un contacto cotidiano y una atención a sus necesidades, cultive y fomente su amor innato por la tierra. Es el mejor regalo que podemos hacerles para una vida orientada al crecimiento, a la autenticidad y al deseo de realización. Para un futuro en el que la cultura antropocéntrica, que nos ha puesto al borde del colapso global, sea reemplazada por una cultura biocéntrica, de amor y cuidado a todas las formas de vida de este hermoso planeta.

EL REMEDIO DE TODAS LAS ENFERMEDADES

El poder curativo de la naturaleza es bien conocido desde la más remota Antigüedad. Del mundo clásico viene el proverbio: «*Vis medicatrix naturae*», «*La naturaleza es el remedio de todas las enfermedades*», una máxima atribuida a Hipócrates, el famoso médico griego del siglo V a. C. El también llamado «padre de la medicina» reconocía en los organismos vivos una capacidad innata para recuperar el equilibrio, siempre que actúen de acuerdo con los «principios de la vida». También consideraba que cada ser humano es una unidad holística, es decir, inseparable de cuerpo, mente y espíritu, tres dimensiones de la persona que hay que atender y cuidar al mismo tiempo, igual que lo hace la «doctora naturaleza». A lo largo de la historia, en diferentes lugares y culturas, muchos médicos, como Hipócrates, han confiado en sus servicios y, de hecho, continúan haciéndolo.[1] También en el campo de la salud mental, muchos terapeutas y ecoterapeutas recomiendan a sus pacientes con sufrimiento emocional que pasen más tiempo rodeados de naturaleza, interaccionando con el aire, el agua y los seres vivos, y guiándose en su actividad diaria por el curso del sol, en lugar de por el reloj.

No es necesario ser profesional de la salud para experimentar, en carne propia, los incontables beneficios de estar al aire libre, en un entorno rico en biodiversidad, y con un estilo de vida lo más sencillo y natural posible. Un creciente número de investigaciones científicas confirman el impacto positivo del contacto con la naturaleza en la salud y el bienestar de niños y adultos. En conjunto, los estudios muestran que **la naturaleza proporciona vigor, riqueza y calidad en las experiencias vitales en todos los ámbitos**. Aunque, como pensaba Hipócrates, es muy difícil separar los beneficios físicos de los mentales, emocionales e incluso espirituales, vamos a pasar revista a los más importantes, organizados por temáticas.[2]

Seres de luz

Todos los seres vivos somos seres de luz. No en un sentido metafórico o religioso, sino en un sentido literal. La luz es un elemento esencial de nuestra energía y vitalidad.

Sabemos, por ejemplo, que **el sol es la mejor fuente de vitamina D, directamente asimilable por el organismo**. Un nutriente imprescindible para fijar el calcio en los huesos. Su carencia produce, entre otras cosas, raquitismo. La vitamina D del sol asegura el buen funcionamiento del corazón, del hígado y de los intestinos; ayuda a no engordar y regula los impulsos del hambre, de la sed y del sueño (ritmos circadianos). Mejora la resistencia física y asegura un correcto desarrollo muscular, especialmente en la infancia y la adolescencia. Además, refuerza el sistema nervioso y el inmunitario, ayudando a prevenir enfermedades autoinmunes, resfriados y asma. Por último, en el plano mental, favorece la capacidad de atención y, en general, la memoria y el aprendizaje.

Debido a la enclaustrada vida moderna, incluso quienes residimos en zonas con muchas horas de sol sufrimos déficit de vitamina D. Aunque algunos autores han señalado que bastaría con media hora de sol al día, los más serios afirman que son necesarias entre dos horas y media y tres horas diarias de vida al aire libre para sintetizar suficiente cantidad de vitamina D. Una dosis de luz diurna prácticamente imposible de conseguir para la inmensa mayoría de la población, que realiza casi todas sus actividades, ya sean profesionales o familiares, o de ocio y tiempo libre, en lugares cerrados. Además, un creciente número de personas trabajamos sentadas frente a la pantalla del ordenador, y también a través de ella hacemos vida familiar, social y consumimos productos de entretenimiento.

Así las cosas, la demanda de suplementos sintéticos no deja de aumentar. Pero es evidente que la vitamina D elaborada directamente por nuestro organismo es de mejor calidad y está más adaptada a nuestras necesidades que cualquier tipo de suplemento artificial que podamos ingerir.

Pasar mucho tiempo entre paredes no solo nos «roba» horas de sol. También nos pone continuamente bajo la luz eléctrica: trabajamos, comemos, leemos, nos divertimos y hasta dormimos con ella. Pasamos prácticamente las veinticuatro horas del día iluminadas artificialmente.

Aunque la luz eléctrica ha traído beneficios para la humanidad, una exposición continuada, especialmente por la noche, altera completamente el equilibrio de nuestro organismo. Los llamados *ritmos circadianos* son oscilaciones de las variables biológicas, en intervalos regulares de veinticuatro horas, de acuerdo con la luz del día y el ritmo de las estaciones. Gobernados por la glándula pineal, a través del sistema hormonal coordinan todas las funciones y procesos corporales, como la calidad y los ritmos del sueño y de la vigilia.

La exposición continuada tanto a la luz eléctrica como a la luz azul de las pantallas altera los ritmos circadianos y tiene un efecto similar a una mala alimentación: produce palidez, apatía, tendencia a la depresión... Reduce la energía vital y, por tanto, la eficacia del sistema inmunitario, lo que nos pone en riesgo de sufrir enfermedades respiratorias, e incluso cáncer. Combinada con el sedentarismo, la luz artificial favorece la tendencia a la obesidad, la diabetes y los problemas cardiacos.[3] En niños y niñas, las pantallas son responsables del increíble aumento de la miopía, porque **el ojo humano necesita luz solar para madurar y desarrollarse correctamente**.[4]

Incluso más que los adultos, para estar sanas, las criaturas necesitan al menos tres horas diarias de actividad al aire libre. Introducir pequeñas modificaciones no parece suficiente: es urgente y necesario un cambio radical de nuestros hábitos y nuestra forma de vida en casa, en la escuela, en el barrio y en el trabajo.

Biodiversidad, virus y bacterias

Desde hace años, un importante corpus de investigaciones vincula la exposición al aire libre y el contacto con la biodiversidad (la variedad de formas de vida, presentes en un entorno), con la fortaleza y vitalidad de nuestro organismo. Una parte importante de esa biodiversidad es minúscula y necesitaríamos un microscopio para poder verla. Es lo que se conoce con el nombre de *microbioma*, el conjunto de microorganismos, virus y bacterias que están por todas partes en la biosfera, dentro y fuera de nosotras. Por ejemplo, en un litro de agua de mar hay unos 10.000 millones de virus, y solo nuestro cuerpo contiene unos 10 billones de bacterias, la mayoría de las cuales viven en el intestino, pero también en la piel, el tracto respiratorio, etcétera.[5] Estos microorganismos están continuamente en contacto con el medio, en un intenso intercambio que les permite renovarse. **Más que a un ejército de soldaditos, nuestro sistema inmunitario se parece a un caldo de bichitos, en el que lo más importante es la armonía, el equilibrio del conjunto. Un equilibrio que conseguimos estando al aire libre, en entornos sanos, no contaminados y llenos de vida.** Que nos fortalece y que contribuye, entre otras cosas, a reducir los problemas de alergias y las enfermedades respiratorias.[6]

La vida es movimiento

A todas las ventajas mencionadas, hay que añadir los beneficios del movimiento. Por regla general, en los espacios cerrados tendemos al sedentarismo, mientras que **los lugares abiertos nos invitan a estar mucho más activas. Las actividades realizadas en contacto con la naturaleza fortalecen el cuerpo y la mente.** Los países escandinavos se encuentran, sin lugar a dudas, entre los países con más jardines de infancia «verdes». Su enfoque de la salud y del aprendizaje infantil, basado en el contacto con la naturaleza, es conocido internacionalmente. En sus estudios comparativos, los investigadores confirman una y otra vez que quienes tienen la oportunidad de jugar al aire libre todos los días, con independencia del clima o la estación, muestran mejor coordinación motora y más habilidad para concentrarse que sus homólogos de los jardines convencionales.[7] Favorece el bienestar psicológico y, de este modo, aumenta la autoestima y reduce el riesgo de padecer enfermedades mentales. Un estudio clásico de la Universidad de Essex (Inglaterra),[8] con más de mil doscientos participantes, encontró que **solo cinco minutos al día paseando por un parque, montando en bici, pescando en un río o practicando jardinería son suficientes para mejorar nuestro equilibrio psíquico.** Según sus autores, si las áreas verdes tienen cursos de agua, son aún más eficaces. Y, claro está, los más beneficiados son niños, niñas y jóvenes, así como quienes padecen algún tipo de trastorno mental.

Medioambiente restaurador

Con tan solo medio siglo de existencia, la moderna psicología ambiental nace al descubrir el impacto del «verde» sobre las funciones cognitivas del ser humano. Sus fundadores, los psicólogos Stephen y Rachel Kaplan,[9] estudiaron los factores que incrementaban la productividad de los empleados en los servicios forestales estadounidenses a finales de la década de 1970. De pronto, se encontraron con algo sorprendente: los trabajadores que disponían de ventanas con vistas a árboles y jardines experimentaban significativamente menos frustración, eran más productivos y más entusiastas que quienes no las tenían. Basándose en los análisis clásicos del filósofo estadounidense William James, padre de la psicología,[10] los Kaplan atribuyeron estos resultados a una mejora significativa en la capacidad de atención de quienes tenían acceso al medio natural, aunque solo fuera visualmente, a través de una ventana. Su concepto de *medioambiente restaurador* explica cómo las cualidades del entorno natural tienen un efecto reparador sobre las funciones cognitivas, la atención y el buen humor de las personas. Al hacernos entrar en un modo de «atención difusa» (es decir, global y no dirigida, no centrada en ningún estímulo en particular), la naturaleza nos ayuda a recuperarnos de la fatiga producida por un tipo de «atención concentrada» (es decir, dirigida, secuencial y segmentada, centrada en unos pocos estímulos cada vez). Las delicadas presencias de los seres de la naturaleza rara vez se nos presentan de manera invasiva, como puede ocurrir, por ejemplo, con un cartel publicitario, las luces de neón de una tienda o un semáforo. Apelan suavemente a todos los sentidos al mismo tiempo, sin centrarse en ninguno y sin violentarlos, respetando nuestro ritmo de acercamiento. Su gran riqueza y su diversidad de matices templan y armonizan nuestro sistema sensorial, al tiempo que restauran y desarrollan nuestras capacidades perceptivas. Los sentidos y la capacidad de atención son, además, elementos fundamentales del sistema nervioso y tienen un impacto importante en el estado de nuestro humor, las emociones y la capacidad de relajarnos. Por eso, como ahora veremos, inciden en muchos aspectos de nuestra vida.

Casi al mismo tiempo que los Kaplan, el arquitecto paisajista y urbanista Roger Ulrich se interesó por las relaciones entre el espacio físico y la salud humana. Tras varias investigaciones, en 1983 propuso el segundo marco teórico más importante de la psicología ambiental: la teoría de la recuperación del estrés. Ulrich había observado que **las condiciones de vida en las grandes ciudades producen una mayor incidencia del estrés y, en consecuencia, de enfermedades físicas**[11] y mentales como la ansiedad, la depresión y la esquizofrenia. **La naturaleza, en cambio, tiene un efecto relajante** sobre el sistema nervioso que ayuda a superar el estrés y apoya los procesos regeneradores del organismo (esa capacidad innata de volver al equilibrio que señalaba Hipócrates). Investigando en hospitales, el conocido arquitecto descubrió que en las habitaciones con ventanas al medio natural (en lugar del clásico muro de ladrillo), los pacientes se recuperaban más rápido de sus intervenciones, reducían significativamente el consumo de fármacos, recibían mejores valoraciones de los especialistas y les daban el alta antes que a quienes no las tenían.[12] Tampoco es imprescindible vivir o desplazarse a paisajes silvestres, ni siquiera verlos a través de una ventana. Según Ulrich, basta con decorar las paredes con imágenes de la naturaleza (cuadros, pósteres, vídeos...) para beneficiarse de sus propiedades relajantes y curativas.[13]

A partir de estos hallazgos, Ulrich crea un novedoso enfoque del diseño arquitectónico: el diseño basado en evidencias (DBE), que tiene en cuenta el impacto de las características del entorno sobre el bienestar y la salud de las personas. Además de ofrecer una nueva perspectiva del diseño arquitectónico, el DBE reúne una serie de pautas y recomendaciones basadas en investigaciones científicas para construir o remodelar hospitales, escuelas, universidades, viviendas, centros de mayores, centros cívicos, prisiones, empresas, lugares públicos... Han pasado cincuenta años desde que los esposos Kaplan abrieron el campo a la nueva ciencia de la psicología ambiental. Hoy, centenares de estudios confirman los beneficios del «verde» (y de todos los demás colores de la naturaleza), para la salud, el bienestar y el desarrollo de las personas. En 2007, por ejemplo, William Bird, consejero de la fundación Natural England publicó un interesante informe para la The Royal Society for the Protection of Birds (Real Sociedad para la Protección de las Aves).[14] Además de un repaso a las principales teorías que relacionan biodiversidad y salud humana, el doctor Bird hizo un inventario de estudios que demuestran cómo, **en los entornos naturales, nos sentimos más felices, estamos más sanos y funcionamos mejor en todos los aspectos.** Bird concluye con una reflexión sobre la importancia del mundo natural para desarrollar una identidad y un sentido de pertenencia que mejoren nuestra experiencia vital y, por tanto, en general, nuestra salud mental y física.[15]

Mejor que las pastillas

Precisamente por su efecto calmante y restaurador de la atención, algunos autores han sugerido que **la naturaleza puede ser una poderosa forma de terapia para el TDAH**, cuyos principales síntomas son la dificultad para concentrarse, el movimiento «excesivo» y la impulsividad.[16] El TDAH se ha convertido en uno de los diagnósticos clínicos más controvertidos de la historia de la medicina. Psiquiatras, pediatras y psicólogos sostienen, desde hace décadas, posturas que parecen irreconciliables. Para unos, se trata de una condición biológica y hereditaria, asociada a deficiencias en la morfología del cerebro (hipótesis genética). Suele aconsejarse un tratamiento farmacológico, generalmente de por vida. Para otros, es un conjunto de síntomas dispares, en respuesta a un entorno que no permite satisfacer las necesidades vitales de la infancia (hipótesis ambiental).[17] El consumo excesivo de pantallas, asociado a un estilo de vida enclaustrado, sedentario, sobreestimulado y, al mismo tiempo, carente de experiencias auténticas, es una de las líneas de investigación ambientalista más conocidas.[18] La presión por una «identificación precoz», que supuestamente ayudaría en la prevención, produce un elevado porcentaje de diagnósticos, muchos de los cuales son «falsos positivos», es decir, están equivocados.[19] Basándose en estos diagnósticos, se administran sustancias tóxicas con buen número de efectos secundarios, y potencialmente adictivas, a niños, niñas y jóvenes cuya problemática se podría tratar con intervenciones mucho menos arriesgadas y dañinas. Sabemos que incluso cortos periodos de juego en espacios verdes al aire libre pueden mejorar la concentración y el control de los impulsos. Por eso, desde la perspectiva ambiental, carece de sentido y es totalmente antiético medicar a niños, niñas y jóvenes para que se adapten a unos entornos deteriorados, nocivos y antinaturales. La prevención y el tratamiento de los trastornos infantiles pasan necesariamente por una transformación profunda de los ambientes en los que viven y crecen, basada, por supuesto, en el valor de las evidencias científicas y de la experiencia empírica. Recordando su infancia en el campo, Richard Louv afirma: «*Los bosques fueron mi Ritalin. La naturaleza me calmó, me centró y también estimuló mis sentidos*».[20]

Estudios realizados en centros educativos por el ya citado doctor William Bird muestran que salir regularmente al campo, o a parques y jardines, no solo reduce los síntomas del déficit de atención. También mejora el comportamiento y los resultados académicos, aumenta la motivación del profesorado y, en consecuencia, la calidad de la enseñanza y del aprendizaje. Cambios parecidos se observan cuando se acondicionan zonas verdes, con huertos y árboles, en los patios de las escuelas.[21] Muchos padres, madres, familiares y profesionales de la salud y la educación observamos importantes variaciones en los niveles de tensión, estrés e hiperactividad de los más jóvenes cuando pasan tiempo al aire libre. Cambios que no pueden atribuirse únicamente al ejercicio físico, porque no se producen del mismo modo cuando practican deportes organizados. Al fortalecer sus recursos de atención, los espacios verdes ayudan a las criaturas a pensar con más claridad y a enfrentarse al estrés con mayor eficacia. Por eso, combinadas con un apoyo a las familias y ciertos cambios en los hábitos de alimentación, sueño, ejercicio y juego, **las terapias con la naturaleza han demostrado excelentes resultados para ayudar a prevenir y tratar numerosos problemas de atención y de conducta.**

Un desarrollo armónico

Afortunadamente, solo un porcentaje de niños, niñas y jóvenes sufren desórdenes «agudos» o terminan con un diagnóstico. La mayoría simplemente tiene dificultades, malestares «difusos» relacionados con los continuos, rápidos y decisivos cambios que experimenta el ser humano entre los cero y los dieciocho años. Como veíamos en el capítulo anterior, nuestra hipótesis es que el déficit de naturaleza es la causa fundamental de buena parte de estas dificultades, porque impide que las criaturas se desarrollen según su «programación natural». Todos los cachorros de *Homo sapiens* **venimos al mundo con una expectativa impresa en la memoria de nuestra especie desde hace cientos de miles de años: la de crecer en contacto con otros seres vivos**, rodeados de plantas, animales, virus, bacterias, hongos, algas, minerales... y seres humanos. Esta «programación» no ha cambiado un ápice desde los orígenes de nuestra especie porque, aunque nos hemos desarrollado muchísimo en lo tecnológico, nuestros cuerpos, al menos de momento, son prácticamente idénticos a los de los primeros humanos. Que los niños y las niñas crezcan en contacto con la naturaleza no es solo una idea romántica. No tiene nada que ver con «paraísos perdidos» ni con utopías *hippies*. Responde a una necesidad innata, tan importante para la vida como comer o dormir. Una necesidad que puede ser confirmada por la experiencia y que ha sido corroborada por la ciencia. Veamos cómo el contacto con la naturaleza favorece un desarrollo infantil pleno y armónico.[22]

El valor de la experiencia

Aunque nos empeñamos en convertirlo en un fenómeno mental, **el mundo es «eso que nos entra por los sentidos»**: lo podemos tocar, oler, escuchar, respirar, ver, degustar... Es el lugar donde estamos, por el que nos desplazamos, y es también nuestro cuerpo. Lo percibimos a través de sensaciones de peso, densidad, temperatura, equilibrio, movimiento, espacio, color, luz, sabor, sonido, tensión, relajación, placer, displacer... Aunque ya han experimentado sensaciones de movimiento, temperatura, contacto, sonido o vibración en el momento de nacer, las criaturas desconocen casi por completo el mundo de afuera. No saben qué es rojo, suave, frío, o en qué se diferencian de verde, áspero, caliente... No pueden discriminar entre «*esto es salado*» y «*esto* es *dulce*». En su mente, no existen los conceptos ni las palabras que los representan. ¿Cómo van a aprenderlas? Solo hay una forma de «hacerse una idea» de lo que es dulce, salado, suave o áspero: a través de la experiencia. Nadie se lo puede explicar. **Cuando nos relacionamos directamente con seres y objetos, vamos formando conceptos que luego ponemos en relación con las palabras.** No hay otra manera. Afortunadamente, niños y niñas vienen al mundo perfectamente equipados para explorarlo intensamente. Mientras la conciencia adulta está dominada por la palabra y una incesante actividad mental, la conciencia infantil es pura y silenciosa; corporal, sensorial y emocional. No necesita proyectar, generalizar, clasificar, juzgar ni poner etiquetas. Puede abrirse completamente a la experiencia. Abrazar «lo real» sin mediaciones ni abstracciones. Basta con observar por unos minutos a una criatura de menos de dos o tres años para ser testigo de cómo se entrega a las sensaciones. Cómo se vuelve toda ella oídos, ojos, manos, lengua, piel, cuerpo, movimiento, fluido... Cómo «bucea» constantemente en un «océano de sensaciones». Las sensaciones que componen el mundo son, básicamente, diferencias. Es casi imposible encontrar dos verdes iguales, dos alimentos con el mismo dulzor, dos árboles con exactamente la misma forma, o dos pieles con la misma textura... De modo que no bastan una, dos, tres o cuatro impresiones concretas. Hace falta un número ingente de experiencias sensoriales para formar una idea, un concepto. Poco a poco, la mente organiza toda esa ingente cantidad de «información». Construye un modelo de «la realidad» que nos permite desenvolvernos en el entorno. Por eso, como señala David Elkind, experto en psicología del desarrollo,[23] «*los niños necesitan dominar el lenguaje de las cosas antes que el de las palabras*». **Conocer el mundo, sus características y propiedades, es un proceso largo y complejo que no puede acelerarse.** Y lo maravilloso es que, al mismo tiempo que lo exploramos, nuestro sistema nervioso se va afinando, madurando e integrando. **La base de todo el desarrollo físico, afectivo e intelectual es radicalmente sensorial, motora y afectiva.** Gracias a ella, desarrollamos un sistema nervioso sólido y complejo, además de un aparato cognitivo ágil y despierto. Estudios ya clásicos de neurociencia, como la famosa teoría evolutiva del triple cerebro de Paul MacLean (1952),[24] confirman que nuestro desarrollo tiene lugar por estratos, también en el ámbito cerebral. Las estructuras del sistema nervioso central están construidas en torno a tres grandes etapas de la evolución: el cerebro reptiliano, situado en el tallo, regula las funciones automáticas y biológicas esenciales para preservar la vida, como el ritmo cardiaco y el respiratorio; el mamífero (paleocórtex), en el sistema límbico, elabora las percepciones sensoriales generando emociones; y el humano (neocórtex) interpreta los contenidos sensoriales y emocionales (basándose en la capacidad de abstracción, la lógica y el lenguaje) para dar una respuesta adecuada a las situaciones. Como las muñecas rusas, los tres cerebros encajan perfectamente; son interdependientes. No se puede separar la capacidad de sentir de las de pensar y razonar. El equilibrio del conjunto dependerá del buen funcionamiento de cada parte y de la calidad de sus conexiones, de una relación armoniosa entre los aspectos emocionales e intelectuales.[25]

Autónomas, solidarias y creativas

Debido a su amplitud, los espacios naturales ofrecen una gran diversidad de posibilidades de movimiento y juego que contribuyen a aumentar la fortaleza física y psíquica de niños y niñas. Crece su sentido de la eficacia personal, la confianza en sus capacidades y, en general, su autonomía en todos los ámbitos de la vida. El movimiento y la relajación los ayudan a regular su energía y deshacer sus nudos emocionales. A diferencia de los espacios sociales, cargados de valoraciones, los seres de la naturaleza nunca nos juzgan. Esta ausencia de juicio es muy liberadora para las criaturas. Cuando las personas adultas que las acompañan tampoco las enjuician, les dan permiso para expresar, de manera natural, todo tipo de emociones, incluidas las que nuestra cultura considera «negativas», como la rabia, el miedo y la tristeza: «*Aquí, si un niño está enfadado o malhumorado, puede soltar esa energía echando una carrera, o alejarse para encontrar su propio espacio*», cuenta Cathy Bache, fundadora de The Secret Garden, la escuela infantil escocesa de la que hablamos en el capítulo anterior. **A través de la interacción cotidiana con árboles, animales y plantas, sus alumnos aprenden a utilizar el espacio para gestionar sus emociones, relacionarse y responsabilizarse de las consecuencias de sus acciones.** Desarrollan una mayor comprensión de sí mismos, de las cosas que les gustan y las que consideran importantes. Construyen un sentimiento de pertenencia al lugar que les da seguridad. El desarrollo físico y mental, las habilidades de comunicación, la autoconfianza, la autonomía emocional y un sentimiento de bienestar generalizado son algunos de los rasgos que los profesionales de la pedagogía verde ven crecer en sus alumnos. En mi propia práctica educativa y terapéutica con niños y jóvenes, he tenido la oportunidad de comprobar los efectos positivos del contacto con la naturaleza en numerosas ocasiones. Recuerdo, por ejemplo, a Carlos, un niño muy enérgico que, con solo tres años de edad, empezaba a ganarse la etiqueta de «agresivo» en su entorno familiar y social. Cuando los espacios abiertos compensaron su falta de espacio vital en casa y en la escuela, su comportamiento mejoró considerablemente: la naturaleza lo ayudó a encontrar su lugar. O Natalia, una niña callada y muy tímida que pudo expresar sus emociones y sentimientos a los silenciosos seres del bosque y, poco a poco, también a todos los demás. Las plantitas, los árboles y los animales fueron sus primeros amigos. O Alicia, una adolescente de catorce años que, gracias a un intenso vínculo afectivo con un viejo roble, pudo fortalecer su yo e integrarse en su grupo de iguales, desde la soberanía personal, en lugar de la victimización y el conformismo. La creatividad es una propiedad de la especie humana y, en general, de todo lo vivo. Gracias a ella construimos el mundo y nos construimos a nosotros mismos. Tanto a lo largo de la evolución de la especie como del desarrollo individual, no nos limitamos a repetir patrones e imitar a los demás: desde el instante mismo de su concepción, cada nuevo ser expresa algo propio y único.

La infancia es la etapa de la vida a lo largo de la cual se produce el máximo desarrollo físico, psíquico, social y creativo. Solo en los dos primeros años de vida adquirimos habilidades tan complejas y fundamentales para el resto de nuestra existencia como andar y hablar. Destrezas que no pueden enseñarse, que solo se adquieren de forma natural, gracias a la inteligencia vital. Una inteligencia intuitiva que se apoya en la experiencia, mediante ensayo y error. Crecer, hacerse niña, adolescente, joven y después adulta, debería entenderse como un proceso de autocreación, que se despliega siempre desde dentro hacia fuera. Un proceso único para cada persona que parte de nuestra íntima conexión con la vida que somos. Gracias a ella, descubrimos nuestras propias formas y valores;[26] aprendemos a aceptar el vacío, a tolerar la ambigüedad y a explorar lo incierto; a asumir riesgos, ser flexibles y adaptarnos a las circunstancias. Entendemos que hay más de una respuesta correcta para cada pregunta, y más de una solución para cualquier problema.

Conocer y comprender esos procesos vitales es esencial para acompañarlos desde la conexión con la vida. En cambio, empeñarse en que aprendan matemáticas, o dominen la lectoescritura antes de los siete años puede ser una pérdida de tiempo, además de suponer un bloqueo a un desarrollo natural saludable. En estas edades, resulta mucho más apropiado que disfruten de espacio suficiente para saltar, correr, gritar, y subirse a las piedras y a los árboles. Que experimenten con arena y agua, y que se relacionen con plantas y animales. Que dibujen y pinten libremente, y compongan sus propias canciones e historias. Que cultiven, en definitiva, su amor innato por la vida que los rodea y la que bulle dentro de su ser.

Las edades de la infancia

Nuestro vínculo con la naturaleza se cultiva a lo largo de toda la vida. Pero la primera infancia (más o menos hasta los cinco a siete años), la infancia media (de siete a nueve u once) y la temprana adolescencia (de doce a quince años) son momentos cruciales en el establecimiento de una relación afectiva sana con el entorno natural.[27] Cada una de estas etapas conlleva perspectivas, actitudes, intereses, retos y hallazgos específicos que van a determinar la forma en que una persona se desarrolla, así como el tipo de relación que establece con su propia naturaleza (su cuerpo, sus instintos, sus necesidades vitales...) y con la naturaleza que la rodea.

Durante los primeros cinco o siete años, el hogar suele ser el centro de su actividad. Cobra especial importancia el entorno natural cercano a la casa o a la escuela: moscas, hormigas, gusanos, escarabajos, caracoles y otros pequeños insectos, pájaros, animales de compañía... Igual que la inmensa mayoría de los pueblos indígenas del planeta, niños y niñas atribuyen conciencia y sentimientos a todos los seres vivos. Hablan incluso con elementos naturales, como piedras, nubes, el sol y la luna. Empatizan especialmente con los animales, a los que les gusta imitar y proteger.

A partir de esa edad, su ámbito espacial se amplía progresivamente. Sus intereses se centran en explorar el entorno próximo que cada vez se hace más amplio. Les atraen los parques y jardines, y cualquier otro espacio natural cercano. Les encantan los bosques y los lugares intermedios entre la civilización y lo salvaje, como descampados, solares vacíos o terrenos abandonados.

Entre los diez y los doce años, el grupo de pares empieza a ser su principal preocupación. Para sociabilizar con sus iguales, necesitan lugares de encuentro, generalmente urbanos, como las plazas o el centro comercial. Muchas veces, buscan áreas escondidas para poder tener privacidad.

Aunque, por regla general, su interés se centra en lo social-humano, la naturaleza salvaje sigue siendo importante para ellos. Los campamentos, las travesías, los viajes en bici y todas las actividades al aire libre facilitan e intensifican las relaciones. Además, en los espacios naturales pueden aislarse y disfrutar de su intimidad sin ser molestados, realizar actividades que los conectan consigo mismos, y desarrollan su identidad adulta, como, por ejemplo, escribir un diario.

En cada uno de estos estadios, los más jóvenes pueden desear inmersión, soledad o interacción en un mundo cercano y conocido.

Si tenemos en cuenta cada etapa de su desarrollo natural, podemos acompañarlos identificando y acondicionando espacios con propuestas estimulantes y adaptadas. E ir modulando el tipo de interacción que mantenemos con ellos.

En la primera infancia, deberíamos apoyar su tendencia innata al animismo, su amor por los seres vivos y su enorme empatía. Más tarde, favorecer sus actividades de exploración. Por último, facilitar que tengan oportunidades de socializar y recogerse en un entorno natural.

Volar como los pájaros

La falta de diferenciación entre *yo* y *los otros*, característica de los primeros años de vida, lleva a los más pequeños a proyectar sus sensaciones y emociones en los seres vivos y en los elementos naturales que los rodean. Prestemos atención y, sobre todo, evitemos despreciar o ridiculizar sus tendencias animistas. Les proporcionan un sentido de conexión que, más adelante, será la base emocional que les permita integrar conceptos ecológicos fundamentales, como la interdependencia de todos los seres vivos que habitan el planeta. Cuentos y canciones tradicionales o inventadas por ellos, representaciones y juegos simbólicos o de movimiento, celebrar el ciclo de las estaciones y acompañar su capacidad de maravillarse son algunas actividades y actitudes que favorecen su desarrollo durante este periodo. **Cultivar su vínculo con animales, reales e imaginarios, es una de las mejores formas de desarrollar su capacidad de empatía.** Recordemos que, en esta etapa, su forma de conocer el mundo no es intelectual ni «objetiva», sino principalmente «afectiva». Mediante una especie de «proyección sentimental» son capaces de percibir a los otros seres vivos «desde dentro». En lugar de empeñarnos en que aprendan lo antes posible a distinguir un jilguero de un canario, tratemos de apoyar su juego simbólico. Gracias a él, elaboran y expanden su mundo emocional. Es muy posible que les guste correr como las gacelas, arrastrarse por el suelo como serpientes, abrazar como osos, imitar el vuelo de los pájaros... Tienen una afinidad magnética con los animales, porque cada uno de ellos posee impulsos, reacciones y movimientos con los que pueden identificarse, y también cualidades que comparten con los humanos. En sus juegos, que pueden prolongarse durante horas y días, exploran lo que significa la vida para las otras especies, y aprenden un poco más sobre las posibilidades biológicas y energéticas de la nuestra. También adquieren un conocimiento y un manejo progresivo de sus propias capacidades y emociones, sus miedos, su agresividad, sus alegrías y sus relaciones. E incorporan valores que los animales nos enseñan, como el cuidado, la nobleza y la lealtad. Una vez que han establecido esta vinculación emocional, y siempre a partir de sus preguntas e intereses, podemos introducir conocimientos más «intelectuales», empezando por observaciones y comparaciones sencillas, mucho mejor si son ellos quienes las realizan: «Ese pájaro es más pequeño y este más grande». A partir de ahí, podemos sacar nuestro flamante libro de coloridas fotos y contemplar con ellos algunas imágenes, mientras comentamos su forma de alimentarse o de criar a sus polluelos. Ya sabemos que cuanto más ejerciten el movimiento y los sentidos en sus primeros años, mejores serán sus capacidades intelectuales después. **Educar prematuramente con un exceso de palabras y conceptos abstrac-**

tos rompe su unidad emocional con el mundo. Es como empezar a construir una casa por el tejado.

Cazadores y recolectores

De los alrededores de la casa y la escuela, sus zonas se exploración van ampliándose, progresivamente, para incluir las áreas verdes más cercanas, el pueblo y los espacios naturales de los alrededores.

Si disfrutan de cierta libertad en el medio natural, su actividad espontánea se remontará, de manera instintiva, a los orígenes del *Homo sapiens.* Desde los primeros homínidos, e incluso más atrás, **el desarrollo de cada ser humano reproduce, en buena medida, la evolución de la especie y de la vida en el planeta.** Los bebés, por ejemplo, crecen en un medio acuático (de donde proviene toda la vida) y, al salir, empiezan por desplazarse reptando, como hacen los anfibios.

Por eso, entre los cuatro a siete y los nueve a doce años de edad, juegan a ser cazadores, pescadores y recolectores, como lo fueron nuestros antepasados del Paleolítico.

Durante mucho más tiempo del que imaginamos, nos hemos dedicado a la caza y la recolección. Pasábamos horas, días y semanas siguiendo rastros, preparando trampas, afilando armas, realizando rituales, entre otras actividades que propiciaban la captura de numerosas presas. Recogimos bayas y frutos, construimos refugios, fabricamos herramientas, elaboramos comidas, nos protegimos de los depredadores, parimos criaturas, y las amamantamos y cuidamos. A eso mismo juegan, espontáneamente, en el medio natural, las criaturas de la infancia media.

Recuerdo que, durante largos periodos, mi hijo Tristán jugaba a capturar fantásticos conejos con ingeniosas trampas excavadas directamente en la tierra que a veces dibujaba antes, en un papel, con todo detalle. También fabricaba flechas reales, hechas de palos que él mismo afilaba con su navaja, o les lanzaba flechas imaginarias. Cuando íbamos a un restaurante, se empeñaba en pedir conejo, aunque no solía comer carne. Y mientras lo devoraba, literalmente, nos contaba con todo lujo de detalles cómo lo había cazado con sus propias manos. Luego, a partir de los huesecillos, intentaba reconstruir su cuerpo con tanta precisión que parecía que quisiera traerlo de nuevo a la vida.

Conforme van creciendo, la intensa exploración de los territorios se transforma también en una exploración de los oficios y de las culturas. Se van volviendo cada vez más «modernos», «científicos» y «racionales». Son investigadores, biólogos, arqueólogos, arquitectos, gestores de aguas, constructores de canales y puertos, creadores de ciudades que pueden llegar a desarrollarse hasta el punto de convertirse en auténticos mundos.

Descubrir el entorno (natural, pero también social, cultural...) para conocerlo y situarse dentro de él es su principal objetivo. Les gusta construir fuertes y casas en los árboles, excavar, buscar tesoros, seguir el curso del agua, hacer islas y puentes, cuidar de los animales, o cultivar un huerto o un jardín. A través de todas estas actividades, incorporan una comprensión intuitiva de numerosos conceptos abstractos de la física, de las matemáticas y del medioambiente. Salir al campo en busca de aventuras estimula su imaginación y su creatividad.

Activistas y políticos

En la etapa adolescente se produce una enorme transformación. El cuerpo y la psique de los jóvenes cambia rápidamente, mientras construyen su «yo adulto» lejos de su familia de origen.

La relación con sus iguales, el grupo de amigos, la pandilla, y también con otros adultos que no sean sus progenitores, cobra especial relevancia.

Otro aspecto fundamental en el proceso de creación de su nueva identidad va hacia dentro, en lugar de hacia fuera, estimulado por una intensa reflexión sobre el sentido de la vida. Los adolescentes son conocidos por hacerse serias y grandes preguntas: ¿Quién soy yo? ¿Qué es este mundo? ¿Por qué y para qué estamos aquí? En sus respuestas, elaboran e incorporan valores vitales que han recibido de sus figuras principales en la familia, la escuela o el entorno social y cultural.[28]

Solemos creer que, en este periodo, la naturaleza es menos importante que la vida social. Pero es un error pensar que ya no la necesitan. Además de sol, aire puro, expansión y ejercicio físico, **en los entornos naturales encuentran espacios propios donde pueden aislarse para dedicarse a la introspección y el cultivo de una relación sana consigo mismos**: escribir un diario, sus primeros poemas...

A estas edades, empiezan a preocuparse por el rumbo de la sociedad, y están naturalmente inclinados a luchar para salvar el mundo. Pueden desear implicarse en programas de voluntariado y activismo, como la limpieza de zonas verdes, el reciclaje, la conservación de espacios, la regeneración de suelos, la replantación, el cuidado vegetal y animal, o la reintroducción de especies protegidas. Los problemas y las causas ambientales son muy beneficiosas para ayudarlos a construir su identidad, siempre que no contengan mensajes catastrofistas, llenos de miedo o culpabilidad, que corren el riesgo de provocarles tristeza, desgana y apatía. Necesitan una chispa, sentirse empoderados. Asegurarse de que su trabajo tendrá consecuencias. Que pueden emprender acciones positivas y provocar un impacto en la realidad.[29]

Amar la Tierra

Acabamos de presentar los dos principales marcos de referencia conceptual sobre las causas y los efectos de nuestra relación con la naturaleza, hasta el momento: la teoría de la restauración de la atención y la teoría de la recuperación del estrés.

Pero existe una tercera línea de investigación que, desde mi punto de vista, es más amplia y engloba a las otras dos. Una visión que sitúa nuestro vínculo original con la Tierra en el ámbito de lo afectivo: se trata de la hipótesis de la biofilia (de *bios* = vida, y *filia* = amor).

En su libro homónimo,[30] el entomólogo estadounidense Edward Wilson define *biofilia* como «*una afinidad innata del ser humano con todos los organismos vivos*». Sostiene que es una atracción congénita e irresistible; un instinto que forma parte del ADN de nuestra especie.

Se manifiesta con un fuerte interés hacia todo lo vivo, en todas sus formas y manifestaciones. Una tendencia innata a asignar valor e importancia al mundo natural. Un interés impreso en cada una de nuestras células.

Porque somos «biófilos», preferimos los espacios naturales, con agua y vegetación, a cualquier otro lugar, por lujoso que sea; sentimos una ternura especial al contemplar a un recién nacido de cualquier especie; y, en general, necesitamos el contacto con el mundo natural, incluso cuando no nos damos cuenta: estamos «programados» para relacionarnos con otros seres vivos.

Nuestro sentimiento de amor por lo vivo no tiene, sin embargo, nada de altruista. Su principal función es asegurar nuestra supervivencia.

Valoramos la abundancia y exuberancia de seres vivos porque significa que no va a faltarnos alimento... Y los paisajes con agua y vegetación porque es donde hemos tenido más posibilidades de sobrevivir desde el origen de los tiempos.

Biofobia y biofilia

La biofilia no es solo una emoción puntual. Cuando el entorno social sabe reconocerla, valorarla y fomentarla, se convierte en un sentimiento arraigado en las personas. Gracias a ella, desarrollamos atención y empatía hacia los seres vivos, humanos y no humanos. Es una importante fuerza para defender la biodiversidad amenazada del planeta.

Un buen ejemplo son los pueblos indígenas que, aún hoy, habitan las áreas silvestres más amplias y ricas del planeta resistiendo a la colonización.[31] Aunque solo representan el 6,2 % de la población mundial, custodian más del 80 % de la biodiversidad del planeta. ¿Cómo lo hacen? Gracias a un estilo de vida en contacto con la Tierra y a sus conocimientos ancestrales. Pero también a unos valores sociales y culturales que ponen la vida en el centro. Cultivan la biofilia a título individual y grupal a lo largo de toda la vida.

La arrogante y destructora *civilización moderna*, en cambio, entierra en lo más hondo de nuestras conciencias la necesidad humana de contacto con lo vivo. Quienes vivimos en ella, apenas nos damos cuenta de nuestro profundo anhelo de comunidad y pertenencia a la gran familia de la biosfera.

A lo largo de los siglos, la cultura occidental ha ido deformando y corrompiendo nuestro amor innato hacia la Tierra, hasta el punto de convertirlo en su contrario: el miedo a lo vivo.

Sencillamente con que tomemos conciencia de la forma en que el aire entra y sale de nuestros pulmones, o cómo el agua que bebemos circula por nuestro cuerpo y se diluye con las aguas del mundo, es fácil reconocer que existimos en un intenso y continuo intercambio material, emocional y energético con todas las formas de vida.

Sin embargo, vivimos como si no fuera así. Nos percibimos totalmente separadas del resto de seres vivos. Experimentamos nuestro presente y nuestro futuro como si no estuvieran perfectamente entrelazados con todas las demás especies.

Habitamos una absurda ilusión: la de nuestra total independencia de lo vivo. Esta ilusión es, desde mi punto de vista, la principal responsable de los preocupantes problemas ambientales y sociales que padecemos.

El conocido cineasta Woody Allen es, sin duda, uno de los autores que más claramente ha manifestado esta falsa separación: «*La naturaleza y yo somos dos*», afirma rotundamente. Confiesa que siempre ha odiado salir al campo porque allí «*¡hay muchos bichos!*», y asegura que prefiere quedarse en las «salvajes» calles de su adorada Nueva York. Su aversión declarada hacia «*cualquier forma de vida no humana*» es lo que David Orr,[32] profesor de Estudios Ambientales en la Universidad de Arizona, denomina *biofobia* (de *bios* = vida, y *fobos* = miedo).

El miedo a lo vivo es un trastorno corriente entre quienes hemos crecido en grandes aglomeraciones urbanas, con muchas horas de internet, cine, televisión, videojuegos, muros, cemento, asfalto y centros comerciales.

Las personas biofóbicas tienen alergia a todo «lo natural», que perciben como sucio, amenazador y lleno de peligros.[33] Prefieren la tecnología y los artefactos humanos y, si por casualidad salen al campo, lo hacen con la protección de numerosos *gadgets* para que la naturaleza no les haga ningún «daño».

La fobia a lo vivo es una forma de analfabetismo ecológico que, además de en la desconectada vida urbana, se apoya en creencias como estas:

- que los demás seres vivos son materia inerte, sin inteligencia, sensibilidad ni emociones;
- que el mundo natural está lleno de peligros;
- que es meramente un gran almacén, cuyas provisiones debemos gestionar de la manera más fría y «racional» posible.

Afortunadamente, en las dos últimas décadas, una ciencia más abierta (y menos dogmática) está desmintiendo estas ideas. Biólogos de la talla del italiano Stefano Mancuso[34] han demostrado que **toda la naturaleza —de los animales a los árboles, las plantas, las bacterias o los minerales— es extremadamente sensible, inteligen-**

te, **empática y solidaria**. Lejos de ser superiores, los humanos tenemos mucho que aprender de los demás seres vivos.

El contacto con lo vital

La hipótesis de la biofilia pone de relieve que nuestra dependencia de la biosfera no es solo física y mental, sino especialmente emocional y espiritual.

Necesitamos la naturaleza para cubrir necesidades tan perentorias como respirar, alimentarnos, encontrar abrigo y refugio... Pero también para calmarnos, estar más centradas y vivir con salud y alegría.

El planeta es mucho más que una inmensa pelota sobre la que caminamos «accidentalmente». Es nuestro hogar, el nido donde nos hemos formado, el océano en el que estamos inmersas, en el que buceamos. **Todos, absolutamente todos los seres vivos son nuestra familia.** Por eso, secretamente, anhelamos pertenecer y sufrimos por sentirnos aisladas. Necesitamos amar la tierra y recibir su amor de vuelta. Un amor que nos nutre psicológica y espiritualmente, igual que respirar o comer nos alimenta físicamente.

Mucho antes de que Edward Wilson y David Orr utilizaran los conceptos de *biofilia* y *biofobia*, en la década de 1950, el famoso escritor Erich Fromm ya había identificado estas dos tendencias en el comportamiento de sus contemporáneos.

Este sociólogo y psicoanalista alemán define la *biofilia* como un «*amor apasionado por la vida y todo lo que está vivo*».[35] Como Wilson, la considera un instinto primario del ser humano, que le impulsa a la creación, la expansión y el crecimiento; un signo inequívoco de salud física y mental. Además, se trata de una actitud que puede asegurar nuestra supervivencia en el planeta.

En el «otro lado» está la *necrofilia*,[36] un término que toma prestado de la parafilia que sufrían algunos de sus pacientes. La necrofilia es una tendencia secundaria del ser humano, es decir, no es innata, sino cultural. El resultado de llevar una vida vacía, mermada en su vitalidad, en sus capacidades y posibilidades. «*La vida quiere vivir* —explica en muchos de sus textos—, *pero, cuando no puede hacerlo, entonces prefiere la muerte*». Cuanto más se frustra el impulso hacia lo vivo, más fuerte es el impulso de su destrucción.

En las sociedades modernas, prevalece un rasgo de personalidad que se caracteriza por un intenso miedo a la vida, a lo vivo (biofobia) y una acentuada inclinación hacia las cosas muertas (necrofilia significa exactamente «amor por lo muerto»). **El miedo a lo vivo produce una continua necesidad de control, y la imposibilidad de abrirse a lo inesperado, a lo desconocido...** La persona biofóbica no acepta los inevitables avatares de la vida. Tiene «aversión al riesgo» y pretende que todo esté perfectamente diseñado y calculado. Cuando algo no sale como lo había previsto inicialmente, puede llegar a sentir una angustia insoportable.

Hemos visto que la biofilia nos proporciona una orientación permanente hacia lo vivo; que nos empuja a acercarnos, a prestar atención a todas las formas de vida en el planeta, a empatizar, amar y cuidar de ellas. Nos ayuda a sentirnos más vivas, a desarrollarnos con más felicidad y más plenamente.

La *biofobia-necrofilia*, por el contrario, nos empuja a atender continuamente a las cosas muertas (mariposas pinchadas en un alfiler, objetos de consumo como la pantalla de un móvil o un robot).[37]

Mientras que la primera es una poderosa fuerza ecológica que puede ayudarnos a transformar el mundo en el que vivimos para asegurar la continuidad de la vida humana en el planeta, la segunda es una terrible fuerza de destrucción que promueve el desprecio hacia lo único que deberíamos considerar sagrado: lo vivo.

Estos dos valiosos conceptos muestran la senda hacia dos formas distintas de entender, por ejemplo, la ecología: de manera superficial, fabricando nuevos artilugios tecnológicos, aunque sean «sostenibles», o desde una visión más profunda, centrada en transformar radicalmente la relación del ser humano consigo mismo, con los demás y con la Tierra.

También nos invitan a preguntarnos qué papel debería desempeñar la educación en esa transformación que necesitamos.

Sabemos que la biofilia está presente en todas las criaturas humanas desde que llegan al mundo. Que cuando pueden expresarla y vivirla plenamente, se convierte en la base espontánea, emocional y experiencial previa a cualquier racionalización de una *ética del cuidado*: antes de tener mil razones y conocimientos para «proteger lo vivo», los bebés se emocionan tocando la tierra, jugando con el agua, observando a los «bichos», imitando a los animales y besando las plantas. Solo necesitan que los adultos sepamos reconocer y valorar ese instinto; que, en lugar de frenarlo, aprendamos a cultivarlo conscientemente en la familia, la escuela y el barrio. Así, las criaturas buscarán, durante toda su vida, la compañía de otros seres vivos; y crecerán más sanas, autónomas, felices y comprometidas con la Tierra.

CAPÍTULO

3

El juego espontáneo

El juego infantil es mucho más que un simple pasatiempo, un entretenimiento sin consecuencias. Su importancia para la salud y el aprendizaje infantil está sobradamente documentada desde hace más de un siglo. Destacados psicólogos, como Lev Vygotsky o Jean Piaget,[1] no han dejado de subrayar sus beneficios. Una abundante bibliografía demuestra sus ventajas sobre cualquier otra forma de aprendizaje para desarrollar cualquier habilidad, desde las matemáticas hasta el lenguaje, pasando por las ciencias o las relaciones sociales.

Además, no se trata de un fenómeno exclusivamente infantil o humano. En muchas culturas juegan también los adultos, y juegan prácticamente todos los animales y las plantas. Además de un medio fundamental de aprendizaje, el juego forma parte de la sabiduría de la vida. Es una manifestación de sus capacidades creativas.

Sin embargo, el juego infantil, autónomo y espontáneo, continúa siendo menospreciado por la mayoría de los adultos. Y esta es una de las principales razones por las que niños y niñas están perdiendo este instinto vital imprescindible para un desarrollo saludable.

En este capítulo analizamos las funciones, características y tipos de juegos. Tratamos de entender las causas de su «extinción» actual entre niños y niñas, y valoramos las cosas que podrían hacerse para recuperarlo.

Cosas de niños

Dos de las cuatro primeras acepciones de la palabra *juego* en el *Diccionario de la lengua española* de la Real Academia Española (RAE) ponen de manifiesto el lugar que ocupa en nuestra sociedad: «*acción y efecto de jugar por entretenimiento*» y «*actividad intrascendente o que no ofrece ninguna dificultad*». Decimos que «*jugar es cosa de niños*», para expresar «*un modo de proceder sin consecuencia ni formalidad*», como también dice la RAE. Está claro que no nos tomamos en serio ni una cosa (el juego) ni la otra (la infancia). Para empezar, **no es cierto que jugar sea una actividad exclusivamente infantil**. Es verdad que los cachorros de nuestra especie han elevado el juego a sus más altas cumbres: cuando se les da tiempo libre para hacer lo que quieran, prefieren jugar, mucho más que realizar cualquier otra actividad;[2] pueden entregarse al juego durante horas, días, semanas e incluso meses sin interrupción (o, al menos, podían hasta la invención de las «maquinitas»). A través del juego, despliegan mundos enteros creados con su imaginación y fantasía; y son capaces de jugar incluso en las situaciones más traumáticas y en los lugares más inhóspitos, como las guerras[3] y los campos de concentración.[4]

No obstante, en la mayoría de culturas indígenas y campesinas, los adultos también juegan. Si dejamos a un lado los videojuegos (que, como veremos más adelante, no son juego espontáneo, sino más bien un entretenimiento), es muy probable que los adultos europeos fueran abandonando progresivamente el juego en los últimos siglos. El conocido historiador francés Philippe Ariès[5] afirma que hasta bien entrado el siglo XVII no existía el concepto de *infancia*[6] tal y como lo conocemos hoy. Eso significa que infancia y adultez se situaban en un continuo en lugar de en una estructura bipolar. A partir de los siete u ocho años, las personas se incorporaban a la vida adulta según el estatus social de sus familias. La escuela normalizada y generalizada no aparece en el continente europeo hasta finales del siglo XIX.[7] Personas de todas las edades convivían y trabajaban juntas en las labores del campo, un tiempo de trabajo intenso, en el que también había espacio para juegos, danzas, canciones, historias y otras tradiciones culturales.[8] Cuadros como *Juego de niños* de Brueghel el Viejo (siglo XVI) o *La gallina ciega* de Goya (siglo XVIII) muestran claramente a adultos jugando.[9] El éxodo del campo a la ciudad, el trabajo asalariado, el cine y la televisión —que nos convierten en espectadores— tuvieron probablemente mucho que ver con la «extinción» del juego adulto.

...Y de todos los seres vivos

Es un hecho indiscutible que los animales juegan. Pero, por extraño que parezca, hasta hace solo unas décadas, la mayoría de los biólogos creían que la actividad lúdica se limitaba a los cachorros de mamífero, y no le daban ninguna importancia. De pronto, gracias a las tecnologías y a una observación más precisa, descubrieron que estaban equivocados: el juego no es un fenómeno aislado; puede apreciarse en mamíferos pequeños y grandes, pero también en pájaros, peces, anfibios, reptiles, insectos... Incluso en las arañas, los gusanos y ¡hasta los moluscos![10] Si la memoria no me falla, creo que, por el momento, solo se han identificado dos especies del mundo animal que nunca juegan: un tipo de tiburón (¡he olvidado su nombre científico!) y una especie de tortuga milenaria. A medida que los expertos en ciencias de la vida han ido abandonando la mirada *antropocéntrica* y adoptando una visión más *biocéntrica* del mundo, han podido reconocer la enorme inteligencia que se manifiesta no solo en los humanos, sino en cada forma de vida.

Una de las claves de esta inteligencia vital es el juego, que, como hemos visto, además de ser habitual prácticamente en todas las especies del reino animal, aparece también ¡¡en el reino vegetal!! En una charla TED que se hizo viral hace unos diez años,[11] el famoso botánico italiano Stefano Mancuso explica que, aunque estén desprovistas de órganos, las plantas tienen varias decenas de sentidos. Además, cuando las observamos a cámara lenta, vemos que, contrariamente a lo que afirman Aristóteles y la biología clásica, las plantas se mueven. A continuación, nos muestra los «frenéticos movimientos» de unas jóvenes plantitas de girasol. Mientras contemplamos una especie de danza vertiginosa buscando el contacto con el sol, Mancuso afirma que la única interpretación plausible para ese comportamiento es que están jugando a uno de los juegos más habituales en las criaturas de cualquier especie: lo que harán de mayores.

¿Para qué sirve jugar?

Claramente, el juego no es solo «cosa de niños» —como pretenden quienes son incapaces de valorarlo— en las criaturas humanas y en toda la naturaleza: se trata de una necesidad vital, un instinto natural que llevamos impreso en nuestros genes desde hace millones de años. **Las conductas innatas, eso que llamamos *instintos*, vinculan a los seres vivos con la memoria de su naturaleza.** No son aprendidas, y menos aún superfluas. Tampoco son instintos violentos, «animales», que debamos reprimir y corregir. Contribuyen a la conservación de los individuos y de las especies.[12] Son pura inteligencia al servicio de la vida, de la supervivencia.[13] El juego es una poderosa manifestación de esa inteligencia vital.[14] Pura receptividad que no requiere la presencia de órganos especializados, como el cerebro.

En las plantas, el sistema radicular es el encargado de coordinar las funciones metabólicas; muchos invertebrados, como las arañas, tampoco tienen cerebro, y su tejido neuronal se distribuye por todo el cuerpo; entre los primates, algunas de las especies más juguetonas son, precisamente, las que tienen cerebros más pequeños. Tal vez porque, entre otras muchas funciones, **el juego favorece el desarrollo cerebral y mejora su funcionalidad.**

En un conocido experimento, se hicieron dos grupos de ratas jóvenes. Al primero nunca se le permitía jugar. Al segundo, tan solo una hora al día. Los investigadores observaron el crecimiento de los jóvenes roedores hasta que llegaron a adultos. Los resultados mostraron que las ratas del primer grupo experimentaban más angustia y tenían más dificultades para enfrentarse a acontecimientos inesperados que las del segundo grupo. Estas últimas, que pudieron jugar una hora al día, estaban más dispuestas a explorar, eran más valientes, y mucho más capaces de enfrentarse a situaciones nuevas. Sus cerebros crecieron significativamente y eran más inteligentes. Por contra, **los animales que se vieron privados de experiencias de juego durante su juventud se convirtieron en adultos con importantes deficiencias fisiológicas y anatómicas,** especialmente en el córtex prefrontal, el área cerebral responsable de las funciones cognitivas y la regulación emocional.[15]

Desde hace más de un siglo, disponemos de numerosos estudios que señalan los importantísimos beneficios del juego para la salud, el bienestar y el desarrollo humano, pero explicar y sintetizar por qué y para qué jugamos no es tarea fácil. A primera vista, el juego no tiene ninguna utilidad, salvo el placer con que los jugadores lo practican. Efectivamente, el goce de jugar es la razón principal por la que niños, niñas, jóvenes y personas adultas nos entregamos a esta actividad instintiva. Ese goce también nos impulsa, en ocasiones, simplemente a observar.

A lo largo de mi vida he sido testigo, muchas veces, del intenso deleite que produce en niños y adultos contemplar a otros jugando. Sin duda, el juego nos reconecta y nos transforma. Algunos de sus efectos más inmediatos son fáciles de constatar. Como los juegos de movimiento, gracias a los cuales los bebés ejercitan sus músculos para conseguir un día levantarse del suelo y echar a andar erguidos, en la singular postura que adoptamos los humanos hace millones de años.[16] Más allá de lo que puede verse y sentirse, cuando realmente se mira, **los beneficios del juego son tantos y tan importantes que**

escapan a nuestra percepción directa. La mayoría, como hemos visto en el experimento con ratas, no se perciben hasta la edad adulta, por eso hay pocas probabilidades de que los relacionemos con el juego. Como tampoco es habitual reconocer en las personas adultas los daños asociados a las carencias de juego en la infancia.

Funciones del juego

Aunque el sentido profundo del juego continúa siendo un misterio, vamos a revisar algunas de sus principales funciones, tal y como se recogen en la literatura especializada y también pueden observarse empíricamente. Hemos hablado de su importancia para el desarrollo físico, motor y cerebral anatómica y fisiológicamente. Veamos ahora algunos de sus aspectos psicológicos y sociales.

Crea vínculos sociales

El zoólogo y naturalista ruso Piotr Kropotkin fue uno de los primeros en destacar el papel de la ayuda mutua en todas las esferas de lo vivo. A finales del siglo XIX, afirmó que **la ley de la cooperación es bastante más habitual en el mundo natural que la ley de la supervivencia del más fuerte**, defendida por quienes entienden la vida como una mera «lucha por la existencia». En su conocido libro *El apoyo mutuo*,[17] Kropotkin ofrece numerosos ejemplos de colaboración entre seres vivos, tanto dentro de la misma especie como entre especies diferentes. Más de un siglo después, sus hallazgos han sido corroborados ampliamente por la ciencia, que considera la cooperación el principio fundador de la diversidad, la complejidad y la resiliencia de lo vivo.[18] La inmensa mayoría de las especies optan por estrategias cooperativas que aseguran el bienestar, la supervivencia y la continuidad de la comunidad.[19] En estas estrategias, el juego desempeña un papel muy importante: es uno de los elementos principales gracias a los cuales se forman, se estrechan y se mantienen los vínculos sociales.[20] Por regla general, entre los mamíferos, cuanto más social es una especie, más intenso y duradero es el juego de sus crías. Jugando, los cachorros humanos aprenden el lenguaje, hacen amigos y forjan un sentido de pertenencia al grupo. Empiezan a ver el mundo desde múltiples perspectivas, desarrollan empatía, flexibilidad y capacidad de negociar, habilidades sociales que son fundamentales para desenvolverse en la vida.

Protege contra la ansiedad

La teoría de la cohesión social aclara aspectos importantes del juego, pero está lejos de abarcar todos sus beneficios. No permite explicar, por ejemplo, por qué juegan intensamente las crías de especies solitarias, como, por ejemplo, el oso negro americano: un animal que, en su etapa adulta, solo se junta con otros para reproducirse o conseguir comida en periodos de escasez extrema. Descartada la hipótesis social, los investigadores pensaron que el juego «brusco y de pelea»[21] que practican los oseznos durante su primer año y medio de vida los ayuda a fortalecer su agresividad y a desarrollar habilidades de lucha. Sin embargo, tampoco esta hipótesis pudo confirmarse: los cachorros más juguetones no son después los adultos más agresivos; más bien al contrario.

Entonces, ¿juegan los oseznos «únicamente» por diversión? Una observación más minuciosa permitió aclarar el enigma. Durante sus primeros años, las crías de oso negro viven en camadas de tres o cuatro individuos, a menudo huérfanas. Para sobrevivir en un entorno lleno de depredadores potenciales, los oseznos se suben a los árboles más altos a la primera señal de amenaza. Y permanecen allí hasta que pasa el peligro. Las continuas alertas les generan muchísimo estrés, pero consiguen manejarlo gracias al juego. Peleando con sus hermanos, a veces durante horas, aprenden a gestionar el miedo en una situación simulada, sin amenaza real, que los cachorros pueden controlar. Y resulta que funciona: pese a las altas tasas de mortalidad, las crías más juguetonas son, precisamente, las que tienen más probabilidades de sobrevivir. **En la inmensa mayoría de las especies, jugar es un antídoto contra la ansiedad.** Pulpos, tortugas y otros animales que viven en los zoológicos, estresados y aburridos, dejan de estarlo cuando sus cuidadores les ofrecen algún objeto sencillo para jugar. También sucede con la especie humana. Cuanto más estrés tienen (o han tenido) en sus vidas los niños y las niñas, más necesitan jugar. En algunos casos, precisamente a «pelear», una actividad que muchos adultos consideran violenta y, generalmente, por desconocimiento, les impiden practicar.

Disfrutar de una infancia con mucho juego nos ayuda a regular nuestras emociones y nos enseña autocontrol. En definitiva, nos da recursos para lidiar con los retos y las dificultades de la vida. Nos hace más resilientes. Sin juego, las criaturas no serán capaces de enfrentarse a situaciones complejas y, a medida que crezcan, sentirán pánico. El mero hecho de vivir los asustará.

Desarrolla la imaginación y la creatividad

Jugar es la actividad que más contribuye a desarrollar la imaginación. Seguramente, porque la necesita para desplegarse plenamente. **El juego es el alimento y el territorio de la imaginación. Uno y otra se nutren mutuamente.** Sin juego no hay imaginación. Sin imaginación no hay juego. En este punto, es importante distinguir *imaginación* de *fantasía*, dos términos que se utilizan como sinónimos, pero que son diferentes conceptualmente. La fantasía es un intento de escapar, de huir de «lo real» buscando refugio en mundos imposibles de realizar (irreales).

La imaginación, en cambio, se mueve entre lo real y lo irreal. No lo separa; tampoco lo confunde. Le interesa, sobre todo, combinarlo de diferentes formas para ampliar el ámbito de lo posible. Antes de emprender una nueva acción, un nuevo proyecto, necesitamos imaginarlos, es decir, visualizarlos. La imaginación crea una visión, un mapa para transitar el mundo intermedio entre «lo que hay» y «lo que podría haber». Es un motor de cambio, de transformación de nuestras habilidades y del mundo. Se trata de una facultad esencial para el ser humano que nos permite realizar nuestra naturaleza: ejercer la libertad de crear(nos) y de crear nuestras vidas.

La imaginación se apoya en nuestras emociones, en nuestra voluntad de vivir, a partir de las cuales nos proyectamos en el mundo. Elegimos el tipo de personas que queremos ser (nuestros gustos, valores, apariencia, profesión, relaciones...) y las vidas que deseamos vivir. También participamos con los demás en la construcción de un mundo común. Como el «juego de peleas», el juego de la imaginación nos ofrece un espacio seguro para probar cosas nuevas: para arriesgarnos; cometer y corregir errores; desarrollar habilidades; resolver problemas (reales o ficticios); generar hábitos; explorar formas de ser, de vivir, de sentir, de pensar, de actuar; comprender lo que se siente al desempeñar un determinado rol social, una profesión; integrar experiencias, familiarizarnos con acontecimientos próximos... Es un auténtico laboratorio de ensayo, un taller de creación que niños y niñas necesitan para comprender su presente y construir su futuro. **Sin imaginación, las criaturas no podrían crecer.**

La práctica de la imaginación a través del juego produce personas creativas, capaces de generar nuevas ideas y soluciones innovadoras que pueden ser de interés y utilidad también para otras personas.[22] Como dice el psicólogo estadounidense Peter Gray, «*la creatividad no puede enseñarse. Solo puedes conseguir que florezca. Y solo florece a través del juego*».[23] Por eso, **una infancia plena que ríe y juega es el departamento de I+D de la humanidad.** Es nuestra mejor garantía de un presente más rico y de un futuro más amable para todos.

Fortalece y aporta vitalidad

Por regla general, las personas crecidas en la cultura occidental preferimos llevar vidas bien organizadas y controladas. Quisiéramos que todo fuera manejable y previsible. Si nos dan a elegir, preferimos aburrirnos antes que tener sobresaltos. Llevar una existencia sin novedad a que la vida «nos sorprenda». Vivimos con cierta aprensión, si no directamente con un fondo de miedo. Todos sabemos que, aunque pretendamos controlarla, la vida es salvaje, imprevisible. Que está continuamente cambiando y que, a veces, sus reveses son duros. Solo cuando viajamos a otras culturas nos damos cuenta de hasta qué punto necesitamos aprender a fluir con la vida. No solo «conformarnos» con lo que nos trae a cada instante, sino aprender a acogerlo, abrazarlo, amarlo. ¿Cómo aprendemos esto? ¿Quién nos lo enseña? Para mí, la respuesta a esta pregunta es, sin duda, el juego. Jugar con la fluidez, la concentración y la conciencia de una criatura de tres años, capaz de cambiar su trayectoria con cada nuevo objeto o acontecimiento no previsto. De caer y levantarse de nuevo para seguir su camino alegre, sacudiéndose el polvo con entusiasmo.

Cuando el psicólogo estadounidense de origen húngaro Mihály Csíkszentmihályi tenía solo seis años, el pequeño pueblo italiano donde vivía con su familia, cerca de la antigua Yugoslavia, fue bombardeado. Había estallado la segunda guerra mundial. Csíkszentmihályi ya no podía salir a la calle a jugar con otros niños. Tuvo que quedarse encerrado en casa e inventarse sus propios juegos. En medio de una ciudad destruida por la guerra, el pequeño empezó a planificar con sus soldados de plomo elaboradas batallas que duraban semanas. Recordando estos juegos, Csíkszentmihályi creó el concepto de *flow* o experiencia óptima,[24] en el que trabajaría hasta su muerte en 2021. El *flow* es un estado en el que solemos entrar cuando hacemos las cosas que nos gustan: estás plenamente presente, completamente absorta en la actividad que has elegido porque te apasiona. Nada más te preocupa en el mundo. Pierdes por completo la noción del tiempo y hasta el sentido de ti misma. Te sientes una, fundida con la experiencia. Te conviertes en la roca que estás escalando, en la música que bailas, el cuadro que pintas, el teorema matemático que desarrollas, el pastel que cocinas, la máquina que estás arreglando... Tus acciones, pensamientos y movimientos se suceden de forma espontánea, casi sin pensar. Tienes la sensación de fluir con la vida.

El concepto de *flow* es fundamental para comprender aspectos esenciales de la atención y la creatividad humanas. Nos recuerda que una motivación auténtica es siempre propia, interna. Que la atención es el foco con el que concentramos nuestra energía psíquica para emplearla en todo aquello que deseamos experimentar. Una energía que se nutre y se renueva con las cosas que tienen sentido para nosotras (y solo nosotras podemos decidir cuáles son, da igual la edad que tengamos). Que nos permite ir hasta el límite de nuestras capacidades, precisamente para desarrollarlas.

Vivimos con la atención cada vez más degradada. Expuestas a una enorme cantidad de estímulos visuales y auditivos, entre los que navegamos dispersas sobre la superficie de las cosas. Condicionadas y dirigidas por recompensas externas, en lugar de por nuestra propia voluntad. Incapaces de centrarnos por mucho tiempo en lo que verdaderamente nos importa.[25] Recuperar, cultivar y cuidar los estados de *flow* es el único camino para reparar nuestra atención y prevenir su completa destrucción, es decir, la pérdida del yo, de la identidad y la soberanía de la persona. Mucho más que un estado mental, el *flow* es una forma de vivir. Los niños y las niñas conocen bien este estado: es lo que llamamos *juego*. En esta actividad aparentemente «sin importancia» se planta la semilla del *flow*, de nuestro amor por la vida y nuestra fuerza para vivirla plenamente. **Jugando, aprendemos a fluir con «lo que está llegando», a abrazar lo inesperado, a amar lo que no estaba previsto.** Desarrollamos la flexibilidad y la firmeza del sauce, del mimbre. Experimentamos la energía, el placer y la alegría de estar vivas. **El juego nos aporta viveza, positividad y resiliencia.** Fortalece todo nuestro ser y nos enseña a cultivar una actitud lúdica imprescindible para actuar con libertad, presencia, asombro, pasión..., sin miedo a equivocarnos.[26]

Características

Llevamos ya unas cuantas páginas hablando del juego y aún no hemos visto qué es exactamente *jugar* desde el punto de vista de la naturaleza. Podríamos decir que es una conducta voluntaria, que tiende a repetirse, que no tiene un propósito evidente y, en el caso de los adultos, difiere significativamente de las actividades regulares «cotidianas», que implica curiosidad, deseo de explorar el entorno...

Pero estos no dejan de ser elementos dispersos. El juego es un proceso rico y complejo, tanto que, pese a los más de cien años de investigaciones, todavía no disponemos de una definición completa y consensuada que nos permita diferenciar, por ejemplo, entre «juego auténtico» y entretenimiento. De lo que sí disponemos es de una serie de criterios gracias a los cuales podemos evaluar una actividad para considerarla juego o no. Aquí tienes los más importantes:

- **El juego debe ser autoelegido, autorregulado y autodirigido.** El impulso de jugar es propio de cada persona. Solo quien así lo siente decide cuándo y cómo llevarlo a cabo. Jugar nos da una increíble capacidad de sentir en cada momento lo que necesitamos. Si presionamos a alguien para que juegue, no lo vivirá como un juego. El juego debe ser espontáneo, sin más reglas que las elaboradas por los participantes.
- **Jugar es disfrutar.** Si no disfrutamos de la actividad que realizamos, no estamos jugando.
- **La motivación para jugar es intrínseca.** Jugamos simplemente por jugar. Por disfrutar. Por el placer que nos proporciona la

actividad en sí misma. No hay una motivación extrínseca ni objetivos impuestos desde fuera.

- **El foco está en el proceso.** Cuando jugamos, el proceso es mucho más importante que el resultado. Cada paso que damos, cada momento, nos ayuda a desarrollarnos y a adquirir nuevas capacidades. Gracias al juego, descubrimos habilidades y las practicamos.
- **El juego es activo.** Quienes participan en él, están totalmente entregados a la actividad, física y mentalmente. En general, el juego es **holístico**, implica al organismo a todos los niveles.
- **Jugar es una actividad creativa.** Las y los jugadores crean su propio juego. Para hacerlo, despliegan un amplio abanico de capacidades humanas: lenguaje, cálculo, geometría, arte, música, danza y movimiento, construcciones...

Tipos de juegos

Con algunos matices, los expertos clasifican generalmente los juegos en cuatro tipos:

- **De movimiento**, como reptar, gatear, trepar, correr... Favorecen la madurez del sistema vestibular (situado en el oído interno y responsable del sentido del equilibrio) y tienen una incidencia directa en las habilidades psicomotoras, contribuyendo a construir la noción de *espacio*.
- **De manipulación de objetos**, como hacer castillos de arena, jugar a las cocinitas, a las construcciones con bloques... Ayudan a estructurar y coordinar diversas áreas cerebrales (se dice que el ser humano tiene un cerebro porque dispone de dos manos) y están en la base de muchos conceptos geométricos y matemáticos.
- **Simbólicos o representativos.** Son todos los juegos que empiezan con «ahora yo era... la maestra, la mamá, la médica, la pirata,

el pájaro...». Los juegos simbólicos acompañan el desarrollo de las capacidades de representación, de los procesos de abstracción y razonamiento, de comunicación, intuición y relación social y afectiva. Permiten elaborar vivencias emocionalmente intensas.

- **Con reglas**, como las cartas, el parchís, el pilla-pilla... Son una forma de regular las relaciones y de fijar un marco estable para el vínculo social.

Muchos contienen elementos de varios tipos, como el pilla-pilla, que es un juego de movimiento (correr, perseguir...), pero con reglas («ahora te toca a ti pillar», «esto es casa»). **Todos los juegos desempeñan un papel muy importante en la regulación emocional y energética de niños y niñas.** Además, los de tipo simbólico ponen a las criaturas en contacto con sus necesidades más íntimas, ayudándolas a conectar interior y exterior. Así elaboran un mundo interior propio; construyen una relación más rica y personal con los demás y con el entorno, basada en su experiencia.

La pérdida de un instinto

Poco antes de que escribiera por primera vez este libro en el 2007 (¡¡¡hace ya casi veinte años!!!), David Elkind, experto en desarrollo infantil, publicó su excelente obra *The Power of Play* [El poder del juego],[27] con este sugerente subtítulo: *How Spontaneous Imaginative Activities Lead to Happier, Healthier Children* [Cómo las actividades espontáneas imaginativas hacen a los niños más felices y más sanos]. Basándose en datos de Estados Unidos, el psicólogo alerta sobre una drástica disminución del tiempo de juego en tan solo dos décadas. La tendencia, iniciada ya en 1960-1970, se debe a una serie de cambios introducidos paulatinamente en la vida de los niños y las niñas: el aumento de la presión académica —según la Organización para la Cooperación y el Desarrollo Económico

(OCDE), la carga de deberes se ha incrementado un 50 %, en los últimos treinta años—; el peso de las actividades extraescolares, siempre organizadas y dirigidas por adultos (deportes organizados, clases de idiomas y artes...); la ansiedad de los padres con su tendencia a la sobreprotección y el *hiperparenting*; la proliferación de la tecnología en casa y en la escuela; la pérdida de las calles como espacios de juego...[28]

Elkind concluye que **niños y niñas podrían estar perdiendo el instinto de juego.** En aquel momento la tesis me pareció algo exagerada. Desde Europa, costaba imaginar que las criaturas pudieran perder «las ganas», o incluso «olvidarse» de cómo jugar de forma masiva. A fin de cuentas, el juego es un instinto vital, una poderosa herramienta de supervivencia que nuestra especie ha atesorado a lo largo de millones de años. ¿Cómo es posible que algo tan importante para la vida desaparezca? Hoy no solo me parece un agudo diagnóstico de la realidad; también lo encuentro lógico.

Estudiando el comportamiento de los animales privados de libertad, comprendí que los instintos son poderosas fuerzas de la naturaleza que, sin embargo, son extremadamente frágiles, porque dependen del entorno. En función del lugar en el que se encuentre, cualquier especie puede perder un instinto ancestral. De hecho, la desaparición de las conductas instintivas (como encontrar comida, evitar a los depredadores, cuidar y alimentar a las crías...) es uno de los primeros cambios que los expertos en comportamiento animal observan en los zoológicos. A menudo, estos impulsos naturales son reemplazados por conductas autodestructivas[29] fruto del estrés. Las diferentes condiciones de vida producen enormes diferencias de comportamiento entre los animales encerrados y los animales salvajes de la misma especie.

Todos los instintos naturales se rigen por el principio de la funcionalidad: *o lo usas o lo pierdes.* Y aunque a corto plazo, en una o dos generaciones, la falta de práctica puede ser recuperable, a largo plazo, durante varias generaciones, la pérdida puede ser irreparable.[30] Los cambios en la vida infantil que señalaba Elkind no han dejado de agravarse estas últimas dos décadas. La desaparición de espacios de juego libre, de calles y lugares verdes, el aumento de las exigencias académicas, los miedos de los padres, entre otros factores, hacen que los niños cada vez tengan menos oportunidades para jugar espontáneamente.

Como en el caso de los animales del zoo, esta pérdida tiende a debilitar su instinto de juego. Nunca imaginé que escucharía a tantos niños y niñas preguntar continuamente a los adultos: «*Ahora, ¿qué hacemos? ¿A qué jugamos?*», desorientados porque no pueden conectar con su instinto de juego, o que lleguen incluso a decir: «*Es que yo no sé jugar*». Con la pérdida de este instinto fundamental, desaparecerían también cualidades humanas que son esenciales para la salud y el bienestar de nuestra especie, como la risa, la alegría, la espontaneidad, la creatividad... y un auténtico aprendizaje.

Es un hecho que las máquinas no juegan. Tampoco aprenden ni enferman.

Carencias que debilitan

Reconocidos autores han relacionado el declive del juego con el aumento de las patologías infantiles. Precisamente en 2007, Jaak Panksepp afirmó que **el espectacular aumento del TDAH en niños podría deberse a la falta de juego**. En su proceso de maduración, el cerebro infantil necesita un tiempo —variable según cada criatura— para empezar a producir dopamina. Esta importante neurohormona activa la capacidad de seleccionar entre distintas posibilidades de percepción y de centrarse en una sola cosa cada vez. Así que la inteligencia vital de los organismos infantiles recurre al juego para estimular la producción de esta hormona. Esto explica que, después de hacer juegos de movimiento o de jugar a pelearse, por ejemplo, los niños pequeños estén dispuestos a realizar actividades más tranquilas.[31]

Unos años más tarde, el psicólogo Peter Gray relacionó el declive del juego espontáneo no solo con el aumento del TDAH, sino de todos los trastornos mentales: ansiedad, depresión, suicidio, sentimientos de impotencia, narcisismo, etcétera, que han aumentado entre niños, niñas, adolescentes y jóvenes adultos en los últimos sesenta años. El efecto conjunto de todos los beneficios del juego para el desarrollo infantil es que promueve la salud mental: «*En ausencia de juego, los niños dejan de adquirir habilidades sociales y emocionales, que son esenciales para un desarrollo psicológico saludable*».[32] Teniendo en cuenta que el desarrollo humano es holístico, que el cuerpo y la mente son una unidad indisoluble, por mucho que nos empeñemos en separarlas, habría que referirse también a la salud física, como hace el propio Gray al final de su artículo. El juego, sin duda alguna, promueve la salud mental y física de las criaturas. En las actuales condiciones sociales, ambientales y culturales, que contribuyen a la extinción de un instinto vital para los procesos de humanización,[33] **el juego espontáneo debería recetarse en las consultas pediátricas[34] y estar presente en los currículos escolares.** Los profesionales de la infancia tenemos una enorme responsabilidad: difundir nuestros conocimientos, explicar la verdad e influir en la sociedad para potenciar en la vida de niños y niñas el juego espontáneo. Es una herramienta insustituible, diseñada hace millones de años por la madre, maestra y doctora naturaleza, para que las criaturas de todas las especies crezcan sanas y fuertes, y desarrollen plenamente todas sus capacidades. Que no te engañen: nadie podrá nunca inventar nada mejor.

AL AIRE LIBRE

De mil formas extremadamente sutiles, con la organización de las ciudades, el imperio de los coches, las normativas municipales, los mensajes alarmantes de los medios de comunicación, las miradas inquisitivas de algunos adultos o, simplemente, porque no existen lugares acondicionados para ello[35] (como luego veremos, los parques infantiles convencionales no favorecen el juego espontáneo), transmitimos a las criaturas y a sus familias que jugar al aire libre es una actividad peligrosa, frívola y nada aconsejable.

Nuestro estilo de vida enclaustrado tampoco ayuda. En los hogares, cada vez más con hijos únicos, los juegos «didácticos», la televisión, los ordenadores y todo tipo de pantallas y aparatos electrónicos invitan a quedarse en casa, disfrutando de un ocio creado y dirigido por adultos.

En las escuelas, los alumnos de infantil y primaria pasan el 87 % de sus 875 horas lectivas anuales (1.155 horas en Secundaria)[36] encerrados en un aula. Eso sin contar el tiempo que dedican diariamente a los deberes, a las actividades extraescolares —que también se desarrollan en espacios cerrados—, y a las pantallas que, incluso utilizadas al aire libre, cierran sus cuerpos al entorno y absorben sus mentes en una «ventanita» bien estrecha. Aunque para un adulto no parezca demasiado, en la corta vida de una criatura todo este tiempo es enorme.

Es un hecho que los educadores no están acostumbrados a salir al aire libre. Casi toda la didáctica impartida en las facultades está pensada sobre la unidad del «aula». Como si educar consistiera, forzosa y necesariamente, en estar dentro de un edificio. **Nadie parece recordar que los árboles fueron las primeras escuelas**; las que más hemos frecuentado desde los orígenes de nuestra especie.

Aunque deberían responder a las necesidades vitales de niños y niñas (que varían, según las épocas), la mayoría de las escuelas siguen siendo un vector fundamental de lo que podríamos llamar la *estabulación de la infancia*. Convertidas en auténticos zoológicos infantiles, buena parte de su trabajo (especialmente hasta los siete u ocho años) consiste en entrenar a las criaturas para que «aprendan» a estar sentadas.[37] Una postura que no requiere entrenamiento, porque el ser humano la adopta de manera natural con el paso del tiempo.

Con las criaturas quietas, «atadas» a las sillas, las maestras estimulan prematuramente los cerebros infantiles mediante abstracciones que las separan de aquello que sus cuerpos están sintiendo: sensaciones, emociones, intuiciones e imágenes de su mundo interior y del mundo que las rodea. **Esta disociación entre mente y cuerpo es la primera forma de separación de nuestra naturaleza.**

Las modernas pantallas que, literalmente, han invadido las escuelas continúan con este entrenamiento disociador mediante la seducción de las imágenes electrónicas, con su incesante movimiento, sus sonidos estridentes y sus colores chillones, que apelan a uno de nuestros instintos más antiguos: el reflejo de orientación.[38]

Separarlos de sus cuerpos y del mundo real no parece la mejor estrategia para «prepararlos para la vida», ¿verdad? Al menos, no cuando lo que pretendemos es potenciar su salud y plenitud.

Estrés mamífero

El mero hecho de estar encerrados estresa a los mamíferos que somos. Animales de espacios abiertos, de grandes estepas donde la vista se pierde en el horizonte. Para nuestra memoria genética, que, como hemos visto, vela por nuestra supervivencia, estar encerrado significa literalmente una «amenaza de muerte». Es la antesala del matadero. El organismo entra en estado de alerta, y produce cortisol y adrenalina, dos neurohormonas cuyo objetivo es proporcionarnos la energía necesaria para enfrentar la situación o huir de ella. Si no podemos hacer ni una cosa ni otra porque nos piden que nos «portemos bien», que estemos «calladitas y sentaditas», las sustancias que hemos liberado se convierten en tóxicos para nuestro organismo. Entonces, ¿qué decir de los hermosos y ricos espacios de juego que muchas escuelas diseñan para su alumnado?

La actividad autónoma de niños y niñas en interiores siempre será infinitamente mejor que unas aulas llenas de mesas y sillas, con las criaturas sentadas escuchando a la maestra o rellenando interminables «fichas».

Jugar al aire libre tiene ventajas muy superiores a hacerlo entre paredes. Las investigaciones sugieren que los espacios cerrados permiten a las criaturas desarrollar sus juegos en todo su potencial. Pero sabemos, por ejemplo, que al aire libre niños y niñas son el doble de activos; que despliegan y profundizan sus movimientos mucho más que en lugares cerrados.[39]

Comparado con las actividades lúdicas en edificios o incluso al aire libre, pero en espacios encementados y «muertos», **el juego en contacto con la naturaleza mejora significativamente el lenguaje, las habilidades de comunicación y, consecuentemente, las habilidades sociales.**[40] También es mucho más creativo. Despliega una fuerte significación mítica que, correctamente acompañada, contribuye a generar cultura. Esa cultura de amor por la Tierra que necesitamos para asegurar nuestra supervivencia en el planeta.

Jugando «en verde», las criaturas se benefician de todas las ventajas del contacto con la naturaleza mencionadas en el capítulo anterior: mejoran su salud física, socioemocional y mental; incrementan su bienestar, sus capacidades cognitivas y su rendimiento académico.

En las aulas y habitaciones cerradas, los recursos son más estructurados; tienden a reducir las posibilidades y orientar a los niños hacia determinadas acciones. En cambio, los espacios abiertos no contienen expectativas, ni establecen formas de trabajo *a priori*. No condicionan su actividad: quedan libres de imaginarse y construirse. No hay en ellos ningún tipo de presión que les provoque estrés, ¡salvo que los adultos se empeñen en organizar una búsqueda del tesoro![41] Abierta a sus ganas e ideas, la naturaleza les ofrece casi infinitas posibilidades de juego, aventura y creación. En cambio, los entornos artificiales agotan rápidamente sus propuestas, una vez que los niños y las niñas las han explorado.

Sin muros ni excesivas presiones para mantenerlos encerrados;

sin la necesidad de gritar para conseguir un poco de espacio o la atención de los adultos, su sensación de libertad es plena. Gracias a ella, pueden sumergirse en su actividad, fluir y crear; encontrar espacios de intimidad, un territorio propio donde sentirse autónomos y construir su identidad sin la continua vigilancia de los adultos.

Estos espacios de confianza y libertad son hoy más importantes que nunca debido al ambiente de miedo que rodea a la infancia. **Lejos de una mirada adulta ansiosa, las criaturas se atreven más a asumir riesgos, algo imprescindible para su desarrollo saludable.**

La escritora Lenore Skenazy[42] lleva más de dos décadas defendiendo la importancia de las experiencias infantiles de riesgo y aventura, explicando que nos constituyen íntimamente como personas. Mientras charlaba con ella en la terraza de un café, recordé a Rocío, una niña de diez años que me contó su sensación de libertad al salir de su casa, una noche a escondidas:

> *Fue durante unas vacaciones en el campo. Cuando todo el mundo dormía, mi prima y yo nos escapamos de casa. Fuimos por los tejados a robar limones y a ver a los caballos. Cuando volvimos, no podíamos dormir.*

También evoqué mi propia experiencia cuando, con cinco o seis años, salí del colegio, sin permiso, para ir a entregar una carta a los Reyes Magos. Solo tuve que abrir una puerta, doblar una esquina y cruzar la calle, pero jamás olvidaré el miedo, los nervios y, después, la sensación de alegría y satisfacción.

El desarrollo infantil tiene mucho de transición progresiva desde la dependencia casi completa del bebé a la autonomía del adulto. Por eso, **las vivencias de riesgo y aventura son fundamentales para ir adquiriendo confianza en nuestras capacidades.** Son la prueba que, con los años, llegaremos a conquistar plenamente nuestra autonomía. Una autonomía cuya prueba palpable y concreta no está en un futuro lejano, sino ahí mismo, en nuestro presente. Suelo llamar a este tipo de recuerdos, *vivencias-semilla*: experiencias en las que se «plantan» psicológicamente talentos y capacidades que germinarán más tarde. Algunas, como las semillas de bambú, pueden tardar muchos años en brotar... Cada persona y cada proceso son diferentes.

ESPACIOS LLENOS DE VIDA

Todos los beneficios del juego en contacto con la naturaleza que acabamos de mencionar son esenciales para el desarrollo de las criaturas. Pero si tuviera que elegir el más importante para la infancia de hoy, no tengo ninguna duda: los espacios naturales los ayudan a recuperar el instinto de juego. Hago esta afirmación basándome en mi experiencia profesional, porque, desgraciadamente, no conozco ningún estudio específico sobre el tema.

Una y otra vez, a lo largo de los años, he sido testigo de cómo **la naturaleza ayuda a las criaturas (¡de todas las edades!) a conectar con su guía interior y recuperar sus capacidades sociales y creativas**.

El instinto de juego es tan importante para un crecimiento saludable que ya solo por este hecho merecen la pena todos nuestros esfuerzos por transformar y «renaturalizar» los espacios destinados a la infancia en la familia, la ciudad y la escuela. Por convertirlos en espacios llenos de vida.

En casa

En 1996, Julie Aigner-Clark, una madre frustrada por la falta de entretenimiento educativo para su bebé de dieciocho meses, grabó el primer vídeo de *Baby Einstein* en el sótano de su casa. Estaba convencida de que exponer tempranamente a las criaturas a contenidos culturales de «alta calidad» —por ejemplo, hacerles escuchar buena música y el sonido de lenguas extranjeras— los haría más inteligentes. En Estados Unidos, millones de criaturas, incluso menores de seis meses, vieron *Baby Einstein* y sus «secuelas»: *Baby Mozart, Baby Galileo, Baby Van Gogh* y *Baby Shakespeare*. El producto tuvo tanto éxito que, unos años más tarde, Julie vendió la idea a la compañía Disney a cambio de una jugosa suma.

Trece años después, un juez obligó a Disney a admitir públicamente que los vídeos carecían de valor educativo alguno y a devolver el dinero a las engañadas familias que, durante mucho tiempo, los habían utilizado como niñeras.

Los estudios que midieron las capacidades de bebés «educados» con *Baby Einstein* mostraron que tenían un vocabulario más restringido, e incluso más dificultades para relacionarse, que quienes no los utilizaron. Y cuanto más jóvenes empezaban con el programa, peor: más limitadas eran sus habilidades de comunicación.[43]

Numerosos estudios han demostrado que, a la hora de aprender, los bebés son más listos de lo que pensamos, y prefieren la presencialidad. En una ocasión, los investigadores dividieron en dos grupos a criaturas de entre doce y quince meses, con el objetivo de enseñarles a usar una muñeca.[44] El primer grupo visualizó una demostración de vídeo, mientras que el segundo vio a una persona real impartiendo idénticas instrucciones. El segundo grupo aprendió a manipular la muñeca en una sola sesión, mientras los miembros del primero necesitaron seis sesiones de visualización para saber manejarla.

Pese a la evidencia acumulada, la industria continúa ofreciéndonos todo tipo de aparatos para «mejorar» a nuestros hijos e hijas mientras se entretienen. De vez en cuando, las madres sucumbimos al encanto de esos artefactos, pletóricos de colores, texturas y sonidos, para observar después, decepcionadas, lo pronto que se cansan de ellos. Aburridos del papel de espectadores pasivos, de la «función» de presionar un botón a la que los reducen, los abandonan pronto para regresar a la sencillez y versatilidad del agua, de la vieja muñeca de trapo o de la caja de cartón.

Siempre que les damos la oportunidad, niños y niñas prefieren los entornos y los materiales naturales.

Seguramente porque son todos distintos y poseen una elevada complejidad sensorial, infinitamente mayor que la del plástico. Visualmente suaves, con tonos sutiles y variaciones de intensidad graduales, producen calma, tranquilidad. Su falta de estructura y dirección permiten un juego más abierto y polisémico, que nutre la imaginación de los niños: un palo suficientemente largo puede ser un día un caballito, otro un pez y, al siguiente, una caña de pescar. Además, invitan a actuar con todo el cuerpo, no solo con los dedos, como la mayoría de los juguetes electrónicos.

Una y otra vez, las investigaciones demuestran que **la tecnología no supera, en ningún caso, a la interacción humana, cuando se trata de crecer y aprender.** No solo es menos eficiente, sino que provoca retrasos en el desarrollo. Es un error utilizarla para educar a niños y niñas, especialmente antes de los seis años.[45] Hasta ahora, ninguna tecnología, por avanzada que parezca, ha podido suplantar la riqueza y plasticidad de la naturaleza; ni ninguna pantalla, a la instintiva, simbólica y holística comunicación humana, que utiliza a la vez el cuerpo, el lenguaje, la expresión facial, e incluso la «química» del organismo, para transmitir sentidos y crear vínculos sociales y afectivos.

En el próximo capítulo veremos más concretamente cómo traer la naturaleza a casa, pero la primera condición para hacer de tu casa un espacio vivo es evitar las pantallas y, en general, los aparatos electrónicos: no tenerlas (especialmente cuando son pequeños), o relegarlas al lugar menos accesible o a un espacio común de la casa y regular estrictamente su uso. La segunda condición es habilitar espacios donde puedan jugar con elementos naturales como agua y arena. La tercera, permitirles el acceso a objetos cotidianos, como una caja de cartón, un periódico o la escoba que utilizas para barrer. Que puedan participar, a su manera, en las tareas de la casa. Por último, además de las plantas y de los animales de compañía, no hay contacto más agradable para una criatura que el cuerpo de su madre y la atención de su padre, sus hermanos o cualquier otro ser humano.

En el parque infantil

Las áreas recreativas de pueblos y ciudades suelen estar minuciosamente diseñadas y organizadas por adultos, sin la participación de niños y niñas. Por regla general, contienen caros equipamientos estructurados[46] que ofrecen muy escasas opciones de juego y favorecen la pasividad. A la larga, roban a las criaturas la iniciativa y el orgullo de pensar por sí mismas, resolver problemas y crear sus propios juegos.

En su mayor parte, están fabricados con materiales sintéticos, muchos de ellos tóxicos: caucho, plástico y derivados del petróleo en general, que se calientan al sol rápidamente y contribuyen a elevar las temperaturas. Son poco sostenibles, costosos de reparar y difíciles de reciclar. Con escasa o nula vegetación, carecen de sombras, y ponen a las criaturas en riesgo de sufrir quemaduras y golpes de calor.

Además, son aburridos. Por eso, **instintivamente, las criaturas salen a buscar lugares donde poder escarbar un poco la tierra, y disfrutar de la compañía de plantas y animales**.

Al darse cuenta de que niños y niñas preferían jugar fuera de los espacios infantiles que diseñaba, el conocido paisajista danés Carl Theodor Sørensen decidió crear un nuevo concepto de parque infantil en la década de 1930: los *adventure playgrounds* (parques de aventura). Son áreas recreativas donde se puede cavar la tierra, mancharse y hacer muchas cosas «peligrosas», como jugar con palos o construir cabañas con listones y clavos. Los *adventure play-*

grounds se han extendido por toda Europa en el último medio siglo. Pueden verse, principalmente, en Dinamarca, Suiza, los Países Bajos, Alemania y el Reino Unido. Son zonas de juego que las criaturas construyen, destruyen y reconstruyen a su antojo. Suelen proyectarse con metodologías de diseño participativo, para que sean parte del proceso, y generan espacios de juego abiertos, en continua evolución. Además de tierra, agua, árboles y hábitats para la vida salvaje de plantas y animales, incluyen piezas sueltas, materiales naturales como piedras, palos, semillas, etcétera, de diferentes formas y tamaños. A veces incluyen también herramientas como martillos y sierras. Su aspecto puede parecer «caótico», pero se trata de auténticos laboratorios de investigación, aventura y creación donde se aprende haciendo. En algunos casos, están acompañados por profesionales formados en infancia, juego y contacto con la naturaleza.

En el patio de la escuela

En las escuelas, los patios suelen ser grises, con el solado de cemento, con verjas que separan del entorno y espacios vacíos, poco estimulantes. La pista de fútbol, de baloncesto, o ambas, ocupan el lugar central, promoviendo un tipo de juego competitivo y de fuerza, además de un uso del espacio sesgado por cuestiones de género y de condición física.[47]

La falta de lugares para recuperarse de la fatiga sensorial acumulada durante las clases es una de las causas de los frecuentes conflictos. Conflictos que no suelen acompañarse correctamente, porque el papel de los adultos, en el patio convencional, se limita a una vigilancia mal planteada y muy poco educativa.

En algunos centros hay árboles, un arenero o incluso una fuente muy apreciados por niños y niñas, pero no por los adultos, que suelen quejarse de que «les dan mucho trabajo».

Y cuando dentro del recinto escolar se conservan «milagrosamente» huertos, jardines, bosquecillos, campos de naranjos o incluso una charca, casi siempre están vallados, cerrados a cal y canto. Como si las criaturas fueran peligrosas para la tierra, o si la propia tierra fuera tan peligrosa que pudiera tragárselas.

Con este panorama, no es de extrañar que cada vez más niños y niñas opten por no salir al recreo y prefieran quedarse en clase, participando en alguna actividad organizada, o con las omnipresentes «maquinitas».

Numerosas investigaciones indican, sin embargo, que cuando se introduce naturaleza en estos «desiertos de cemento», las actividades son más inclusivas, las tensiones se reducen, y el juego es más social y creativo.[48]

Si queremos promover la salud, el bienestar y el desarrollo pleno de niños y niñas, es urgente repensar los conceptos de *área de juego* y *patio de recreo*, para que atiendan a sus necesidades de juego espontáneo y de contacto con la naturaleza.

Hay que contrarrestar la tendencia histórica a la desaparición de la vida salvaje en los espacios para la infancia. Encontrar maneras de permitir que vayan más allá del pavimento; darles acceso a la tierra. Crear lugares donde puedan ver bichos y convivir con ellos, cocinar platos riquísimos, hacer fuertes, construir túneles, canales y diques, producir mundos fantásticos, escalar, y ¡hasta caerse! Ambientes que respondan a sus necesidades, capacidades e intereses, llenos de oportunidades para el encuentro, la intimidad, la interacción, el riesgo y la aventura. Espacios de los que puedan apropiarse, que les pertenezcan y a los que puedan pertenecer, a su vez, plenamente. Paisajes que puedan reinventar para conocer directamente el mundo.

Con mayor o menor éxito, estos últimos quince años se han multiplicado en España y en Europa las experiencias de transformación y renaturalización de patios.[49] Vamos a dejar a un lado las puramente decorativas cuyo objetivo es convertirlos en simples «escaparates». Aunque en ocasiones pueda ser necesario, es una lástima desaprovechar el esfuerzo y la oportunidad y reducir la transformación a una mera actuación de «maquillaje», para «dejarlo bonito».

Más allá de esto, las motivaciones pueden ser muy diversas: fomentar la participación de familias y alumnos, crear espacios para desarrollar los contenidos curriculares al aire libre, educar en la sostenibilidad energética, promover la igualdad de género y el respeto a las diferencias, facilitar un ocio educativo...

A falta de estudios que evalúen en profundidad el fenómeno, mi impresión general es que la mayoría de estos proyectos adolece de una visión limitada, una insuficiente cultura pedagógica y una deficiente integración en el proyecto educativo del centro.

La renaturalización de un patio es un momento importante para hacer balance. Plantearnos hacia qué horizonte deseamos caminar y de qué forma la naturaleza puede ayudarnos a lograrlo. Imaginar cómo podemos enraizar a la escuela en sus entornos (natural, social, económico...). Qué valores queremos potenciar. Qué tipo de personas deseamos formar. Cómo vamos a rediseñar lo físico, pero también lo social, lo cultural y lo pedagógico: cómo ajustar la organización (espacios, tiempos, ritmos, agrupamientos...), desarrollar las competencias docentes y «reverdecer» las prácticas educativas para trabajar de formas más orgánicas, más naturales y más humanas.

Se trata, en definitiva, de favorecer la salud, el bienestar y el aprendizaje no solo de los alumnos y las alumnas, sino de toda la comunidad educativa. De renaturalizar la escuela hacia dentro y hacia fuera, humanizando sus procesos, y fomentando su capacidad de amar y cuidar de la vida. De anclarla en una cultura biocéntrica. Todo ello en el marco de un abordaje que tenga en cuenta las características específicas de cada centro: emplazamiento, tipo de edificio, de alumnado y de familias, equipo docente, entorno natural, social, cultural, económico...

Más que un escaparate, **el patio es el espejo donde se refleja la**

realidad de cada centro por encima de cualquier discurso. Y también la clave que puede abrir la escuela a la vida en todos sus sentidos.

EL PAPEL DEL ADULTO

Los adultos tenemos un papel importante en la recuperación del instinto de juego de las criaturas. Madres, padres, familiares, educadores y toda persona «mayor de edad» deberían ser conscientes de su responsabilidad hacia las criaturas, aunque no sean biológicamente suyas.

No es casual que contemplar a un bebé recién nacido sea una de las experiencias más profundas de biofilia. Un acontecimiento que nos conecta con el amor por la vida y que despierta en nuestro corazón el instinto vital de cuidar. Un instinto grabado en la memoria de la especie, en nuestros genes, como todo lo relacionado con la supervivencia de los organismos, de los ecosistemas y del conjunto de la biosfera. **La naturaleza nos enseña que cuidar la vida es el propósito fundamental, la misión más importante del planeta Tierra.** Y nos lo enseña con el ejemplo. Como en los innumerables casos de crianza cooperativa, interespecie y multiespecie. Más allá de la domesticación para fines alimentarios y de trabajo, desde el principio de los tiempos, las familias humanas hemos adoptado las crías de otros animales. Y también, con muchísima frecuencia a lo largo de la historia, nuestros cachorros han sido criados por otros animales, desde cabras hasta gallinas, pasando por burros, lobos, osos y zorros.

Además de emocionantes, los relatos de estas increíbles vivencias —como la de Marcos Rodríguez Pantoja, el niño que se crio con los lobos en la Sierra Morena de Andalucía[50]— nos hablan de una ley universal del cuidado: el deber de contribuir a la continuidad de la vida que está impreso en prácticamente todas las especies.

De acuerdo con esta ley natural, **el progreso de una sociedad debería medirse por su capacidad para volcarse en atender las necesidades vitales de las familias y de sus retoños. De todos los retoños.**

Tras varias décadas dedicadas a promover el juego infantil natural y espontáneo mediante la formación, el asesoramiento y la divulgación, mi impresión general es que la mayoría de los adultos no acaba de tomárselo en serio. Pese a toda la evidencia disponible, por alguna razón que no alcanzo a comprender, seguimos considerando el juego una actividad de segundo orden, un pasatiempo mucho menos importante que el «aprendizaje», cuando, en realidad, uno procede del otro y lo fomenta. ¿Tal vez por desconocimiento, distracción, conformismo, inmadurez o desconfianza? O quizá simplemente porque el valor de la infancia, en nuestras sociedades, es equivalente al de su pequeña estatura.

Darles a niños y niñas la importancia que merecen por estar en la etapa más importante de la vida mejoraría no solo su bienestar y el de sus familias, sino también el nuestro. Como ha dicho muchas veces el conocido pedagogo italiano Francesco Tonucci: «*Las criaturas son la medida de todas las cosas*». Hacer un mundo más amable para ellas es hacerlo para todas y todos.

Aunque no tenga sentido rechazar totalmente el desarrollo tecnológico ni algunas de sus «mejoras» sociales y económicas, priorizando y revalorizando el juego podríamos fomentar el desarrollo de cualidades humanas esenciales que, lamentablemente, estamos perdiendo. El juego y todo lo que moviliza nos da la oportunidad de diferenciarnos de las máquinas y volver a poner «cada cosa en su lugar» para recuperar el equilibrio.[51]

Podríamos empezar, por ejemplo, tomando conciencia de las formas en que contribuimos a fomentar el instinto de juego en las criaturas y, también, de las maneras en que tendemos a frenarlo. Observar nuestro comportamiento y tratar de entender de dónde viene, los hábitos, las razones y las emociones que están detrás de lo que hacemos. E intentar comprender también a los demás, especialmente cuando actúan de un modo diferente.

Por ejemplo, algunas personas creen que hay que enseñar a los niños a jugar para evitar que se equivoquen, que se dispersen realizando varias actividades al mismo tiempo, o que conviertan los espacios en un caos absoluto. Otras estamos firmemente convencidas de que desarrollo y aprendizaje son procesos que se despliegan «desde dentro hacia fuera» y, por tanto, la mayor parte de las intervenciones externas solo aportan ruido y confusión al proceso. Para crear orden, los pequeños necesitan atravesar el desorden; para hacer algo correctamente, es preciso que se equivoquen; para construir su mundo, primero deben «destruir» el que nosotras les brindamos.

Confiar en que tienen dentro de sí todos los recursos es un horizonte hacia el que necesitamos caminar. Toda nuestra cultura está basada, precisamente, en la necesidad de expertos, consejeros, autoridades y diversos tipos de ayudas externas. Nuestra visión del recién nacido sigue siendo la de una *tabula rasa* (un lienzo en blanco). Nos cuesta apreciar su inteligencia vital (como también nos cuesta valorar la inteligencia de las plantas, de los animales y de la vida en general). En lugar de apreciar la sabiduría del bebé, nos centramos en su ignorancia, de la que hay que sacarle a toda costa y por la fuerza, con una dirección y «enseñanzas» concretas.

Sin embargo, basta observar sin prejuicios los juegos de los niños para darse cuenta de todo el conocimiento que encierran, de la forma en que responden exactamente a sus necesidades, de la manera en que aprenden, gracias a ellos, miles de cosas.

Niños y niñas necesitan ser mirados. Y las personas adultas podemos comprender la importancia de esta necesidad vital. Desde que empiezan a hablar, nos piden con frecuencia: «¡Mírame mamá [o papá]! ¡Mírame!». En especial, cuando descubren alguna sensación nueva o exploran nuevas experiencias. Más que cualquier otra muestra de cariño, la atención interesada, el reconocimiento silencioso y la curiosidad hacia su actividad espontánea significan para ellos amor. Contribuyen a aumentar su autorrespeto, a valorar su propia existencia, su derecho a ser en toda su singularidad única e irrepetible.

En esos momentos, no precisan que les aprobemos verbalmente con un «muy bien», ni mucho menos que les demos consejos o les hagamos cualquier tipo de advertencia basada en nuestra «experiencia». Solo requieren nuestra presencia y, si acaso, una sencilla reformulación que confirme su sentimiento de orgullo o de placer: «Estás sintiendo el agua en tus manos y ¡te encanta!».

Cuando están en contacto con la naturaleza, las niñas y los niños son grandes maestros del juego. Muchas veces, observarles despierta en los adultos el deseo de disfrutar con ellos. En esos casos, es importante que aprendamos a situarnos en un lugar horizontal, porque al ser mayores es fácil que tendamos a guiarles en exceso, o incluso a monopolizar su juego. No olvidemos que **nuestra labor como adultos comprende mucho más el arte de cuidar y acompañar, el de ser un recurso al servicio de la actividad infantil, que el de dirigir, controlar o seducir.**

En el próximo capítulo veremos con más detalle cómo superar nuestros miedos, aumentar la confianza y acompañarlos para que conecten con la naturaleza y se desarrollen plenamente.

Recuperar la naturalidad

EL FRENESÍ DE LA PROTECCIÓN

Además de los cuidados, la protección de las criaturas es una de las principales funciones de los progenitores, tanto entre los seres humanos como en el reino animal. Basta ver a una gatita bufando a un extraño que se acerca a sus cachorros, o a cualquier otra mamá siguiendo atentamente el juego de sus pequeños, para darnos cuenta de toda la energía que desplegamos en la tarea de cuidar y proteger.

La naturaleza ha desarrollado un complejo sistema de detección de señales en el que las emociones desempeñan un papel fundamental. El miedo es como la luz roja de un semáforo, que se enciende cuando percibimos algún peligro. Nos ayuda a tomar conciencia de la amenaza y a evaluar la gravedad de la situación, valorando los recursos que tenemos a nuestra disposición para decidir cuál es la conducta más apropiada:

- huir, si carecemos de la fuerza necesaria para enfrentarnos a él;
- plantar cara a la situación, si disponemos de herramientas;
- escondernos o quedarnos congeladas, esperando pasar inadvertidas hasta que «cese el peligro».

Como cualquiera de estas opciones requiere movilizar una cantidad considerable de energía, nuestro organismo se encarga de producir las hormonas necesarias. Generamos *adrenalina*, que aumenta la presión arterial, hace que el corazón lata más rápido y aumenta nuestra capacidad de vigilancia y nuestra energía. Y *cortisol*, la principal hormona del estrés, que aumenta la glucosa en la sangre para que los músculos estén más fuertes.

Sin embargo, a diferencia de los animales que reaccionan frente a amenazas concretas e inminentes (como ver, de pronto, a tu hija de dos años lanzándose a cruzar la calle sola) y, pasado el peligro, son capaces de soltar las hormonas y toxinas sobrantes —por ejemplo, temblando—, los seres humanos experimentamos varios tipos de miedo.

Nuestro complejo cerebro, con su capacidad de anticipar acontecimientos, nos predispone a temer hechos que pudieran producirse en el futuro.

Tenemos miedos que podríamos llamar «abstractos», porque se refieren a amenazas «por concretar» que no están presentes en el momento actual, ni tampoco hay indicios de que pudieran ocurrir.

El desarrollo de nuestro córtex prefrontal hace que seamos capaces de imaginar un peligro potencial con todo detalle, e incluso de llegar a percibirlo como perfectamente real. Tememos, por ejemplo, la pérdida de un vínculo, sufrir un accidente, padecer una enfermedad (o que otros la padezcan), la propia muerte y la de otras personas...

Esta capacidad de experimentar el miedo anticipadamente que, en algunos casos, puede ser útil, tiende a convertir el miedo en una emoción tóxica.

Lo saludable es que el miedo aparezca cuando existe una amenaza real y que desaparezca con ella. Pero, en muchos casos, la emoción termina instalándose. Bien porque gana en intensidad y acaba convirtiéndose en lo que los psicólogos llaman una *fobia* o miedo intenso hacia un objeto bien identificado: los perros, las alturas, los lugares cerrados... O bien porque se generaliza transformándose en lo que los psicólogos llaman *ansiedad*: un miedo intenso frente a una amenaza que se percibe como difusa y global. La ansiedad puede manifestarse a través de una preocupación excesiva, dificultades para relajarse o la idea de que las cosas solo pueden ir a peor...

Es entonces cuando la emoción del miedo deja de ser un instrumento al servicio de nuestra supervivencia, una energía que nos permite reaccionar adecuadamente ante el peligro, para convertirse en el sentimiento que gobierna nuestras vidas, dirige nuestras actitudes y comportamientos, y tiñe nuestra vivencia del mundo. El temor puede llegar a obsesionarnos hasta el punto de no permitirnos vivir con gozo ni actuar con espontaneidad. Puede incluso llegar a dejarnos totalmente paralizados.

Crecer en un caldo de ansiedad

Numerosos autores coinciden en señalar que, **en nuestra época, el miedo es una de las fuerzas que controlan la sociedad**, y esta afirmación es especialmente cierta en todo lo que se refiere a la crianza y la educación de niños y niñas.

En las últimas décadas, la preocupación por su seguridad ha llegado al paroxismo. Como consecuencia, las criaturas crecen en una especie de caldo de ansiedad que alcanza las cotas más altas de la historia.

Esta obsesión es alimentada, cada día, por las difíciles —a veces imposibles— condiciones de crianza: la falta de apoyo social a las familias, el urbanismo antiniños, el «negocio» de los medios de comunicación (que venden más cuanto más nos asustan), la producción de utensilios delirantes para su «seguridad» (y nuestra supuesta «tranquilidad»)... Las noticias en la televisión, la prensa y las redes sociales nos ofrecen una visión distorsionada de la realidad: secuestros, atropellos, violaciones, enfermedades raras, muertes por ahogo o asfixia y otros acontecimientos «extremos» ocupan muchísimo espacio en los medios, aunque la probabilidad de que nos afecten es mínima. Simplemente, el miedo «vende».

Se comercializan todo tipo de *gadgets* para «protegerlos»: tapas para enchufes, botellas con protección antiniños, cámaras para que estén vigilados en todo momento (incluso cuando estamos fuera de casa y ellos en la guardería o en la escuela), complicados equipamientos para montar en bici o nadar; hipersofisticadas sillas para comer o ir en coche...

Con su agudo sentido del humor, la escritora Lenore Skenazy[1] mostraba hace unos años a su sorprendido auditorio unos pequeños y coloridos «protectores de rodillas» que hoy utilizan los bebés para gatear. Una actividad que, al parecer, *«se ha vuelto tan peligrosa como jugar al rugby»*.

Cuando yo era niña, era fácil conseguir el «carné de montar en bici»: te subías al sillín, te dabas unos cuantos tortazos y ya se te consideraba «apta» para utilizarla sin supervisión adulta.

Hoy, en cambio, para andar en bici necesitas casco (preferiblemente ¡rosa si eres niña y azul si eres niño!), coderas, rodilleras... Y ¡hasta un cursillo con un profesional acreditado! Varios factores contribuyen a esta situación:

- tenemos las **familias más pequeñas** de la historia, lo que convierte a nuestros hijos en un valor escaso y los coloca bajo la responsabilidad exclusiva de unas pocas personas;
- la **industria de la seguridad**, en su búsqueda de nuevos mercados, crea continuamente necesidades, la mayoría de ellas superfluas;
- el **individualismo** y el **aislamiento social**, sobre todo en las ciudades, nos hacen desconfiar de nuestros vecinos, a los que, por otro lado, apenas conocemos;[2]
- en general, como vamos a ver, vivimos en una sociedad **obsesionada con el control.**

Una cultura con aversión al riesgo

Hace ya casi dos décadas, el experto británico Tim Gill[3] afirmaba que nuestra cultura se caracteriza por una fuerte aversión al riesgo. **La incapacidad de aceptar que arriesgarse forma parte de la vida está afectando muy negativamente a la infancia.** El rechazo a la incertidumbre y nuestra incapacidad para manejarla contribuyen a frenar el desarrollo infantil. El miedo adulto impide que los niños y niñas adquieran habilidades vitales para su protección y supervivencia.

Por eso, muchas actividades que las generaciones anteriores disfrutábamos sin ninguna preocupación (como ir solos a la escuela o jugar por nuestra cuenta) se han convertido en problemáticas y peligrosas. Quienes las permitimos somos juzgados como despreocupados e irresponsables.

Gill cuenta que, en su país, más del 43 % de los adultos consideran que no deberíamos dejar jugar solas a las criaturas, por lo menos hasta los catorce años; sin embargo, esas mismas personas confiesan que, cuando eran niñas, pudieron hacerlo con menos de diez años.

Aunque parezca que hoy en día nuestros hijos crecen más rápido y maduran antes, la realidad es que sus vidas están mucho más controladas que hace treinta años. Los límites que les imponemos por nuestros temores son cada vez más estrictos.

Entonces: ¿viven más seguras las criaturas de hoy?

La respuesta es no. **Paradójicamente, cuanto más las protegemos**, **más las desprotegemos.** Más indefensas están frente al peligro.

El miedo «a que se hagan daño», por ejemplo, nos lleva a impedir que ejerciten sus propias capacidades, ya sea haciendo las cosas en su lugar o comprándoles sofisticados aparatos que supuestamente las protegen. No dejamos que se desarrollen plenamente.

Recuerdo el inquietante episodio «Arkangel», de la serie *Black*

Mirror.[4] Una madre obsesionada con evitar cualquier dolor a su hija decide implantarle una cámara en el cerebro sin pensar que, algún día, tendrá que enfrentarse a alguna situación dolorosa o complicada y entonces se encontrará completamente desarmada.

La solución, obviamente, pasa por permitir a nuestros niños y niñas que poco a poco vayan adquiriendo las capacidades emocionales necesarias.

Así lo expresa Lucía, con solo nueve años: «*Nuestros padres nos quieren proteger de todo lo que pueda hacernos daño. Pero, en realidad, nos están impidiendo que hagamos muchas cosas*».[5]

La sobreprotección resta interés y disfrute a sus vidas, y bloquea el desarrollo de sus capacidades intelectuales, sociales, emocionales y creativas. Si continuamos alimentando esta situación, no es exagerado pensar que el hecho en sí de ser niño o niña podría llegar a considerarse un grave riesgo. Un riesgo que haría prácticamente imposible convertirse en una persona autónoma.

Los adultos somos un elemento fundamental de los entornos infantiles. Por eso es importante que cultivemos la tranquilidad y la confianza.

Si rodeamos a niños y niñas de miedo y ansiedad, les impedimos que desarrollen habilidades esenciales para su protección y supervivencia. Además, en ese «caldo de ansiedad», las criaturas no pueden crecer porque, para hacerlo, necesitan estar relajadas, confiar en la vida, en sus cuidadores y en sí mismas.

La fuerza de lo que no se nombra

El miedo es una poderosísima energía. Una fuerza irresistible que se contagia rápidamente y se intensifica cuando no somos conscientes de ella; cuando la identificamos con la realidad y no somos capaces de responsabilizarnos de lo que sentimos.

A menudo es así. Actuamos instintivamente, sin reflexionar;

dejándonos llevar ciegamente por una emoción que no reconocemos.

Mientras permanecen ocultos, actuando en la sombra, **nuestros temores pueden tener un impacto en la realidad. Incluso llegar a transformarla. Pueden convertirse en profecías autocumplidas**, un curioso proceso a través del cual construimos la realidad a partir de nuestras predicciones y creencias.[6]

Una madre asustada por la forma en que su hija explora el espacio le repite continuamente: «*Te vas a caer, te vas a caer*». Por un lado, es una predicción de Perogrullo, porque cuando subes, bajas y saltas es evidente que en algún momento te puedes caer. Pero **sin esas experiencias es prácticamente imposible desarrollar tus capacidades motoras.**

Por otro, niños y niñas viven desde el corazón y sienten las emociones con una gran intensidad. Su identidad individual, separada de sus personas de referencia, está aún «en proceso de construcción». No saben distinguir claramente entre «yo» y «el otro». Así que asumen las emociones de sus cuidadores como si fueran suyas. La desconfianza y la inseguridad de la madre o del padre se convierten en las suyas propias, y la niña no solo se cae, sino que vive la caída con vergüenza y culpa. La próxima vez no lo intentará y, poco a poco, sus habilidades motoras se verán disminuidas.

Por eso es muy importante que quienes tenemos hijas e hijos o trabajamos con la infancia aprendamos a conocer y gestionar nuestras emociones.

Recuerdo, en una escuela de familias, a un padre que se quejaba continuamente del drama en que se convertía cada visita al médico. Los niños lloraban y chillaban, se negaban a vestirse, a subir y bajar del coche, y a entrar en la consulta. A veces, él y su pareja los engañaban, diciéndoles que iban a cualquier otra parte; entonces, la reacción era aún más fuerte.

Mientras nos contaba todo esto, recordó de pronto que, cuando era pequeño, su pediatra, un amigo de la familia, solía gastarle bromas, tratando de impresionarle con su bata blanca y su colección de aparatos. Tal vez el médico no era consciente de lo que provocaba y solo quería hacerle la consulta más amena. Pero el niño, ahora adulto, estaba tan asustado que era incapaz de manejar sus emociones. Tuvo que separarse de ellas, guardarlas en alguna parte de su cuerpo y tratar de olvidarlas. Sin embargo, el miedo todavía estaba ahí, y sus hijos ya lo habían notado. Como no la recordaba, nunca les había contado esa experiencia a sus hijos. Así que, cuando lo hizo sinceramente, expresando sus emociones, la frecuencia de los conflictos, los llantos y las peleas al ir a consulta disminuyó considerablemente.

Vivir y expresar lo que nos asusta

Es imposible no sentir miedo y estar viva. Es una fuerza vital con aspectos positivos y negativos. Entre los aspectos negativos, su poder «inconsciente» sobre nosotras se multiplica cuando tratamos de evitarlo, cuando, por las razones que sean, no tenemos el valor de enfrentarlo. Y es que el miedo es una emoción tremendamente evitativa: no solo nos lleva a rehuir aquello que tememos; también huimos del propio miedo, porque nos asusta.

Sin embargo, **la única manera de convertirnos en dueños de nuestros miedos, de ponerlos a nuestro favor, es tomando conciencia de ellos**.

Además de manifestarse con pensamientos y juicios que aceleran la actividad mental, el miedo se expresa también en sensaciones físicas, localizadas en diversas partes del cuerpo: algunas sentimos que el corazón se nos encoge, o que se pone duro como una piedra; a otras se nos forma un nudo en el estómago, quizá en la garganta. Si, en lugar de rechazarla, podemos respirar profundamente la sensación y, simplemente, sentirla; si tratamos de calmar nuestros pensamientos que habitualmente nos llevan a «imaginar lo peor», a anticipar una «catástrofe», lograremos permanecer mucho más atentos, pegados a lo que realmente está sucediendo. Podremos valorar mejor si existe o no un peligro real.

Solía practicar esto cuando mi hijo, con algo más de un año, se empeñaba en bajar en plancha por la rampa que había junto a las escaleras, en la entrada del edificio donde vivíamos. Solo con que se acercara a ella, yo ya lo imaginaba en el suelo con el cráneo roto, y no puedo describir el dolor que sentía.

Sabía que parte de ese miedo estaba relacionado con las experiencias que tuve en mi propia infancia, así que, en lugar de actuar para liberarme de la angustia al precio de impedir que mi hijo desarrollara sus habilidades motoras (lo que, desde luego, fue mi primer impulso), me quedaba cerca tratando de sentir mis sensaciones y observando cada uno de sus movimientos. Me decía a mí misma que, si algo sucedía, podría intervenir con suficiente rapidez.

Al principio, fue realmente difícil permanecer ahí, sin ceder al impulso de apartar al pequeño de la rampa. Al cabo de un par de días, yo había sido testigo del extremo cuidado con el que procedía, tomando apoyos, colocando su cuerpo en las posiciones adecuadas... También sentí la alegría y la satisfacción que le proporcionaba su recién adquirida habilidad. Cómo disfrutaba del placer de moverse y conseguía llegar al suelo, la mayor parte de las veces, ileso. Eso hizo crecer mi confianza en sus capacidades y, poco a poco, mis temores fueron desapareciendo.

Años más tarde, sucedió algo parecido con su afición por el buceo a pulmón libre. Con solo ocho o diez años podía bajar a bastante profundidad y pasarse horas en el agua, viendo peces y practicando la apnea. Mis miedos solo se calmaron cuando me explicó con todo detalle y pude comprender la forma en que se protegía, eligiendo correctamente el día y el momento, y empleando diversas técnicas para cuidar de su seguridad.

Un mundo acogedor

Tomar conciencia de nuestros miedos hace que dejemos de volcarlos directa e inconscientemente sobre nuestros niños y niñas. Es renunciar a tener razón, a ser adivinas («¡ya te lo había dicho!»), para observarnos y conocernos mejor. Aprender a verbalizarlos es asumirlos como propios, responsabilizarnos de ellos y, en lugar del «*Te vas a caer*», decir simplemente: «*Me da miedo que puedas caerte*». Eso resta fuerza a la emoción y coloca las cosas en su sitio, y ofrece a las criaturas la oportunidad de crear su propia realidad, independiente de la nuestra, en lugar de convertirlas en las víctimas de una profecía autocumplida. Dándonos permiso para observar el comportamiento de nuestros hijos e hijas, aunque solo sea por unos instantes, tratando de entenderlos desde su propia lógica, podemos aumentar, poco a poco, nuestra confianza en sus capacidades y, con ello, su propia confianza y autoestima.

Tradicionalmente, se pensaba que meter miedo a una criatura era clave para hacerla más precavida.[7] Sin embargo, el miedo puede llegar a ser tan intenso que puede suponer un bloqueo, un retraimiento de la vida y la pérdida de capacidades que serían muy útiles precisamente para protegerse.

Nuestros miedos tienen un profundo impacto sobre nuestros hijos e hijas. A través de ellos, les infundimos una visión del mundo, una forma de relacionarse con la vida. **Sin pronunciar una sola palabra, podemos transmitirles que vivimos en un lugar inhóspito y lleno de peligros. O, por el contrario, en un hogar acogedor, lleno de emociones y cosas por descubrir, que cuida de nosotras.**

El cambio de perspectiva no significa abandonar el miedo que, como indicamos al principio, es una poderosa fuerza al servicio del cuidado y la protección. Tiene que ver con conocerlo y reconocerlo. Con percibir también lo que a veces llamamos el otro lado del miedo, es decir, lo que conlleva de atracción, de excitación y de ganas de superar obstáculos. Además de una emoción muy útil para prevenir, el miedo encierra el tesoro del valor: nuestra capacidad para ir más allá de lo conocido, para asumir riesgos y retos, para crecer y superarnos.

Enseñar la confianza es, indudablemente, más difícil que enseñar el miedo; focalizarse en los peligros que acechan es más sencillo que mostrar también las oportunidades que pueden presentarse. Invitarlos a «prestar atención» en vez de a «tener cuidado» es solo una cuestión de perspectiva: nos centramos en los aspectos positivos o en los negativos de las situaciones; vemos la botella medio llena o medio vacía. Acompañamos el proceso de transitar la emoción, sin acelerarla ni bloquearla.

Igual que el miedo y la desconfianza pueden llevarnos a una espiral interminable de temor y recelo, también el valor de enfrentarnos a nuestros propios miedos, **la certeza y la determinación de dejar a niños y niñas un espacio para su experiencia pueden reafirmarnos en dos de las herramientas pedagógicas más eficaces: el apoyo y la confianza.**

Del miedo a la confianza

En nuestra cultura existen numerosos prejuicios contra la naturaleza, que suele verse como peligrosa y amenazante: la tierra o la arena son «caca» y suciedad; si un niño se expone al frío o a la lluvia, seguro que se resfriará;[8] y si anda descalzo, fijo que se lastimará para siempre los pies.

Tenemos un concepto aséptico de la salud como «ausencia de gérmenes», que contrasta con la realidad de nuestro cuerpo: somos un delicado equilibrio de microorganismos, una barrera permeable en continuo intercambio con el medio, regulada por el sistema inmunitario.

Para recuperar el contacto con la naturaleza y todos los beneficios que conlleva, es imprescindible volver a confiar en el espacio que nos da la vida con cada aliento que respiramos, cada sorbo de agua que bebemos y cada bocado con el que nos alimentamos.

Aprender a confiar en la naturaleza

Aunque muchos padres deseamos dar a nuestros hijos una educación saludable que cultive y desarrolle su amor por la naturaleza, en ocasiones nos asaltan las dudas, tememos equivocarnos y carecemos de referentes concretos debido a que nuestra propia crianza ha sido principalmente biofóbica.

La mejor forma de afianzarnos en nuestras convicciones es observar los efectos del contacto con la naturaleza sobre su salud, su bienestar y su desarrollo.

Para confiar en la fortaleza natural de los niños, necesitamos tomar conciencia de sus capacidades innatas. **Las criaturas también son naturaleza y participan, junto a todos los demás seres vivos, de la increíble inteligencia de la vida.**

Me contaba una madre que, con dos años y medio, su hija se empeñaba en caminar sola por la calle. Aunque se lo pedía, una y otra vez, no había manera de que le diera la mano. A veces se adelantaba tanto que no podía verla y temía que cruzara repentinamente la carretera. Entonces entraba en pánico y echaba a correr para alcanzarla. Un día, una amiga la invitó a seguirla con tranquilidad, a una distancia prudente. Le hizo observar que, al llegar a la esquina, simplemente giraba y continuaba por la misma acera, aunque ya no la viera. Afirmó que, pese a su corta edad, «*la niña no estaba loca*» y poseía un fuerte instinto de autoconservación. Desde aquel día, la mujer y su hija pudieron disfrutar sus salidas con más tranquilidad y, poco a poco, la pequeña se acostumbró a ir de la mano de su madre.

Niños y niñas son naturalmente más sensatos y responsables de lo que solemos imaginar. Basta viajar a alguno de los llamados «países en vías de desarrollo» para comprobar que poseen capacidades que, a menudo, ignoramos. En algunas tribus amazónicas, desde los cuatro años, pescan y cocinan con fuego su propio alimento.

Todavía en muchos lugares de África, la India y otras partes del mundo, niños y niñas con menos de diez años cuidan de sus hermanos pequeños, incluso bebés, y echan una mano en las tareas domésticas.[9] Si preguntas a madres y padres de África Occidental en quiénes confían para cuidar de sus criaturas cuando están ausentes, suelen responder que, en primer lugar, en sus hijos e hijas más mayores.[10] Ayudar les brinda el orgullo de contribuir al bienestar de todos. La oportunidad de desplegar todo el amor que llevan dentro. Y también, de comprender que, en algún momento, dejarán de ser dependientes, y podrán desenvolverse y cuidar de sí mismos. **Cuidar de otros los convierte en personas más maduras y responsables.**

Los pequeños, por su parte, experimentan la alegría y el bienestar de sentir que forman parte del «grupo natural», donde se mezclan distintas edades. Aprenden más rápidamente de sus hermanos y primos, porque son modelos más cercanos a sus capacidades. Y superan mejor las adversidades, porque la inocencia de la infancia y su capacidad de estar presentes resultan «sanadoras».[11]

Hace años, tuve la oportunidad de colaborar con una organización educativa que trabaja con niños y niñas de la calle en Delhi (India)[12] y observar cómo se desenvuelven estas criaturas en situaciones que son extremas. Comprobar sus capacidades de resiliencia, su intenso amor por la vida y la forma en que se apoyan mutuamente o ayudan a sus familias es una experiencia que me marcó para siempre.

Conectar con nuestro instinto vital

Al hacernos conscientes de nuestros miedos, nos volvemos capaces de enfrentarlos y, también, de compartirlos abiertamente con niños y niñas. Esto significa bajarnos del pedestal, dejar de pretender ser adultas perfectas, y empezar a mostrar nuestras debilidades. Recuperar nuestra humanidad.

Es cierto que somos modelos para los más jóvenes, que constantemente nos observan y nos imitan. Pero necesitamos preguntarnos qué tipo de modelo queremos ser: ¿modelos de una perfección imposible e irreal? ¿o modelos de humanidad?

Conocer nuestros miedos, como explica Pablo (de once años), los ayuda a ponerse en nuestro lugar, a comprender nuestro punto de vista: «*Me gustaría ser padre por un día para entender qué asusta a los mayores*».

Así contribuimos a desarrollar su capacidad de empatía en lugar de su capacidad de obedecer ciegamente. Niños y niñas agradecen que nos mostremos «más auténticos, vulnerables y humanos». Porque eso nos vuelve, también, «más cercanos». Confiándoles nuestras emociones y sentimientos, los invitamos a actuar de manera responsable y cultivamos relaciones basadas en la intimidad (es decir, basadas en la confianza de compartir lo que nos pasa interiormente).

Con el paso de los años, esa confianza será, sin duda, la mejor herramienta para ejercer nuestra función de protección. Los estudios demuestran que **una relación cercana, de escucha, comunicación y apoyo mutuo entre padres e hijos fortalece la autoestima y la autoconfianza de las criaturas.**[13] Al ser más fuertes psíquicamente, disminuyen las probabilidades de que se conviertan en víctimas de una agresión. Además, una comunicación más fluida hace que sepamos cómo están en cada momento, y que podamos orientarlos si es necesario. Sin duda, la protección más importante que podemos ofrecerles es nuestra presencia, nuestra empatía y nuestro tiempo.

Así es como educar se convierte en una auténtica aventura: la de nuestro propio crecimiento, nuestra propia transformación. Para establecer relaciones auténticas con las criaturas, necesitamos mirar hacia dentro, conocernos mejor y tener en cuenta el momento que estamos viviendo.

Una parte de nuestros temores son consecuencia de la falta de seguridad en nosotras mismas; en nuestra capacidad de ser madres, padres o educadores, de cuidarlos adecuadamente y asumir esa enorme responsabilidad.

Al aumentar la edad en la que decidimos tener el primer hijo, pasamos mucho tiempo en un mundo exclusivamente adulto, y desconocemos por completo las características y necesidades de la infancia.

También tenemos familias mucho más reducidas, a menudo monomarentales, con estilos de vida urbanitas. Aisladas en espacios cerrados, con una sola persona adulta para encargarse de una criatura, y escasos apoyos estatales o familiares,[14] la crianza puede ser un ejercicio difícil.

Vivimos en una sociedad cada vez más compartimentada, que ha abandonado lo que siempre ha sido una responsabilidad colectiva.[15] Que ha conseguido privatizar incluso lo imprivatizable: la crianza y la educación de nuestros cachorros. Cargar a solas con esa responsabilidad puede ser muy duro. Más aún en el seno de una cultura judeocristiana, racionalista y controladora, incapaz de aceptar que el azar forma parte de la vida. Tememos fracasar, equivocarnos, y los demás están ahí para recordarnos que somos los únicos responsables de cualquier cosa que les suceda a nuestros hijos e hijas.

La culpa, el reverso moral de la causalidad científica, se disfraza de responsabilidad, y tiene, especialmente cuando se trata de los demás, un efecto tranquilizante. En una entrevista inédita, la ya mencionada Lenore Skenazy comenta al respecto: «*Si algo le pasa al hijo de otra persona, puedo reducir mi angustia pensado que ha sido por "su culpa", porque en "algo" ha fallado. Imagino que yo no habría cometido el mismo error y, de esa forma, me tranquilizo*».

«*La función parental se ha profesionalizado, convertida en un duro trabajo del que debemos rendir cuentas*», aseguró en otra ocasión Carl Honoré. Esta forma de presión psicológica nos aleja del sencillo placer de disfrutar con nuestras criaturas y con todo lo que pueden ofrecernos.[16]

El miedo y la angustia son estresores que nos hacen perder nuestro instinto natural, el que tenemos por el mero hecho de ser madres y padres. A través de ellos, entramos en un oscuro desván de dudas e inseguridades de difícil solución. Buscamos ayuda y la mayoría de los especialistas nos ofrecen «recetas» que en muchos casos solo consiguen confundirnos aún más. *«Pon límites»*, *«No seas autoritario»*, *«Accede a sus deseos»*, *«Impón disciplina»*, y un largo etcétera de consejos contradictorios que nos dejan confusas y sin saber qué hacer.

Para recuperar el contacto con nuestra propia guía interior, el primer paso es desconectarnos de la histeria del ambiente y observar los hechos con la mayor neutralidad posible. El segundo, reducir nuestras expectativas, esa necesidad de ser perfectas. Y aumentar la comunicación con nuestras criaturas. Actos sencillos, como un buen paseo por un entorno natural, el bosque o la playa, pueden ayudarnos a poner las cosas en su lugar. Con la calma, volvemos a escuchar la voz de nuestra intuición, y recuperamos la alegría y el placer de ser padres, de cuidar a nuestras criaturas, ¡con todos nuestros defectos! El tercero es aprender a observar, a no saber. Nos dejamos sentir, y abandonamos las respuestas automáticas para centrarnos en el aquí y el ahora. Porque cada situación es diferente. Y gestionarla adecuadamente (que no perfectamente) requiere abrirnos a una mejor comprensión de la naturaleza de nuestros cachorros.

¿Seguridad activa o pasiva?

Hace algunos años, pasé unas semanas como voluntaria en una hermosa escuela en Tailandia que respetaba profundamente el entorno natural y también la naturaleza humana. Era pequeña, con algo más de un centenar de estudiantes, y estaba situada en un precioso bosque. Todo lo que allí vi y viví me llenó de gozo, y aún hoy me sigue inspirando. Pero hubo algo que me sorprendió mucho; algo para lo que no estaba preparada.

Una mañana fui a llevar comida a la cocina. Las cocineras trabajaban en el suelo, pelando y cortando vegetales a la manera tailandesa. Sus hijos estaban por allí, jugando y pretendiendo ayudar. Dos de ellos eran bebés que todavía gateaban. Iban a toda velocidad por la espaciosa estancia llevando cada uno en la mano ¡un enorme cuchillo de cocina! Me quedé pasmada. En mi cabeza, dejar un cuchillo, de cualquier tamaño, a una criatura tan pequeña era completamente irresponsable. Pero después de meditarlo durante un rato, tuve que reconocer que no hay verdades absolutas. Todo depende del contexto.

Cualquier persona con sensibilidad hacia la infancia que haya viajado a «países en vías de desarrollo» se habrá percatado de lo espabilados que están allí los niños y las niñas de cualquier edad, comparados con los nuestros.

Observando a aquellos bebés tailandeses me di cuenta de que, indudablemente, estaban asumiendo un riesgo,[17] pero también estaban desarrollando sus capacidades, apoyados por la tranquilidad, la cercanía y la confianza de sus madres.

Obviamente, no estoy proponiendo que les demos cuchillos a los bebés. Mi intención es hacerte reflexionar sobre el concepto de *seguridad* que manejamos habitualmente en Occidente: la entendemos como algo que consumimos de manera pasiva, en lugar de como una actividad en la que podemos (y debemos) implicarnos. La vemos como un producto, el resultado, por ejemplo, de comprar y colocarse unas rodilleras o un casco, en lugar de entenderla como un proceso del que deberíamos ser los protagonistas activos. En el que, gracias a nuestra participación, desarrollamos nuestras propias habilidades.

Un caso emblemático son los problemas de inseguridad en las ciudades, que suelen plantearse desde el punto de vista del contingente policial o de la cantidad de alarmas, cámaras de vigilancia y puertas blindadas instaladas.

Las calles vacías parecen prestarse, en efecto, a cualquier tipo de violación. Sin embargo, los estudios indican que la mejor protección resulta de la utilización del espacio público por sus habitantes. Esta «tecnología ancestral» permite recuperar los lazos sociales y los vínculos de vecindad, al tiempo que aporta salud y bienestar.

Sin duda, es más satisfactorio y posiblemente más seguro atreverte a pedir sal a tu vecina, mostrando tu disponibilidad al contacto y a la ayuda mutua, que contratar un sofisticado sistema de alarmas con cámaras de reconocimiento facial para tu hogar. **La seguridad no puede dejarse en manos de terceros.** Necesitamos construirla con nuestras propias acciones, decisiones, en la proximidad, con los lazos humanos que nos ayudan a crecer como personas y como colectividad. Todo ello son capacidades que, cuando las perdemos, nos dejan totalmente a merced de fuerzas externas.

Las relaciones de vecindad son también una garantía de cuidado y protección para las criaturas. Del mismo modo, **cuando los niños y las niñas disfrutan de libertad y autonomía, desarrollan más habilidades de autoprotección** que con el continuo uso de aparatos que limitan y bloquean.

La seguridad no consiste en apartarlos de todo lo que consideramos «peligro». No se trata, por ejemplo, de retirar todos los objetos puntiagudos de su campo de acción, porque, al hacerlo, suprimimos también sus oportunidades de aprendizaje y crecimiento. **La seguridad consiste en conocer bien las capacidades de nuestros niños y niñas y enseñarles a evaluar los riesgos para que puedan manejarlos de forma progresiva.**

¿Recuerdas el cuento de la bella durmiente? Debido a una maldición, durante años, sus padres evitaron que viera una sola rueca de hilar. Sin embargo, se pinchó inmediatamente con la primera que encontró.

La diferencia entre riesgo y peligro

Aprender implica salir de nuestra zona de confort, del área que dominamos, para enfrentar desafíos y asumir riesgos. Es más, **sin riesgo, sin error, no hay aprendizaje.**

Por eso es muy importante distinguir entre *riesgo* y *peligro*. Llamamos *peligrosa* a una situación en la que el daño es evidente e inminente. Si me coloco de pie en mitad de una autopista, la probabilidad de que me atropelle un coche, dependiendo de cuánto tiempo permanezca allí, en qué tipo de autopista me sitúe, etcétera, es prácticamente del cien por cien. Se trata, claramente, de un peligro.

El *riesgo*, en cambio, es una eventualidad que puedo asumir en una situación concreta, en función de mis capacidades y motivaciones.

Adentrarse sola en una cueva sin tener ni idea de espeleología puede ser un peligro. Pero cuando llevas tiempo explorando las cavidades naturales del subsuelo, tienes el equipo apropiado y conoces las normas de seguridad imprescindibles para practicar este deporte, la probabilidad de sufrir un accidente es infinitamente más pequeña. Se trata de un riesgo que asumes, porque aumenta tu disfrute de la vida mientras desarrollas tus capacidades.

Aprender a evaluar riesgos en función de las situaciones es mucho más importante que eliminar todos los peligros de nuestras vidas y de las de nuestros niños y niñas. De todas formas, ¡el mundo está lleno de amenazas y muchas veces, según cómo lo miremos, también está lleno de aventuras!

Como madres, padres y educadores, nuestro papel es ayudar a las criaturas a convertirse en expertos analistas de riesgos.

La práctica de la evaluación de riesgos aumenta su autoconfianza y su autoestima, su capacidad para resolver problemas y su resiliencia emocional. Asumir un riesgo es emprender una especie de viaje, ir más allá de lo conocido, hacia un territorio inexplorado. Aceptar el viaje no significa que no te prepares para él.

Indudablemente, ser niño conlleva mayores riesgos que ser adulto, porque es en esta etapa cuando se producen los aprendizajes más complejos de toda nuestra vida, como caminar o hablar. Implicarles en su propia seguridad y convertirla en «asunto de todos» supone dejar de verlos como consumidores pasivos, «objetos» de nuestros maternales desvelos, y empezar a reconocer sus habilidades y competencias, su capacidad de autoprotegerse. Este reconocimiento implica un cambio radical en nuestra actitud y nuestra forma de actuar. Se trata de acompañarlos, aconsejarlos y ayudarlos a ser autónomos, en vez de hacer las cosas en su lugar. De permitirles crecer confiando en la vida, sintiéndose competentes y siendo más conscientes de sus capacidades.

¿Cómo analizar riesgos con las criaturas?

En primer lugar hay que observarlos. Sus logros y dificultades, lo que comunican con su cuerpo y sus gestos si aún no saben hablar, o ya con sus palabras cuando son más mayores.

La observación es la competencia más importante de cualquier educador, madre y padre. Desgraciadamente, la mayoría de los adultos tendemos a juzgar antes que mirar. Y en muy pocas facultades se forma en la observación a los profesionales de la educación.[18]

En segundo lugar, si son un poco más mayores, es muy útil simplemente preguntarles qué ideas tienen sobre la actividad que van a realizar.

En esa conversación podemos animarlos a identificar no solo los peligros potenciales, sino también las oportunidades de juego y disfrute. Así aprenden a ver el riesgo de manera positiva y no como solo algo negativo.

En cierta ocasión invité a un grupo de niños y niñas, de entre cuatro y siete años, a analizar las ventajas y desventajas de subirse a los árboles. Respondieron con comentarios como estos: «*Es diverti-do subir*», «*Jugamos a ser animales, a ser piratas*», «*Me escondo y nadie me ve*», «*Si te agarras a una rama, te caes*», «*Puedes resbalar*», «*A veces subo y me da miedo bajar*», «*Te puedes raspar o arañar*».

A partir de este análisis en su primera reunión, con mi acompañamiento, el grupo elaboró las siguientes normas: «*Sube solo hasta donde te sientas seguro, hasta donde luego puedas bajar*», «*Asegúrate de que no está mojado*» y «*Comprueba que una rama está firme antes de apoyarte en ella*».

Luego, cuando sucedía algún percance, lo analizábamos juntos. Y era impresionante ver cómo, **simplemente al darles la oportunidad de hablar sobre ello, la conciencia de sus movimientos aumentaba exponencialmente**. Eran capaces de explicar con gran precisión por qué se habían caído o raspado con una rama. Y sabían qué hacer la siguiente vez que se subieran.

En un planteamiento de riesgo, los animamos a «prestar atención» (lo cual implica una actividad concreta por su parte) más que a «tener cuidado», que es demasiado general y puede inducir el miedo.

El acercamiento al riesgo debe ser siempre progresivo: hacer primero lo más fácil, quedándonos cerca de ellos, confiando, dejando que exploren y, si es posible, que se enfrenten solos a los riesgos. Así aumentan sus competencias y, además, crece su autoestima.

Con la práctica del «análisis riesgo-beneficio», niños y niñas llegan a ser expertos asesores, muy creativos y con una visión más concreta que la nuestra, porque, a fin de cuentas, son sus cuerpos, sus juegos... Aprenden a confiar en lo que sienten, en su intuición y en sus sentidos; y desarrollan habilidades de supervivencia que les serán muy útiles a lo largo de la vida.

5

Más verde en nuestras vidas

La naturaleza en casa

Hemos visto que, al menos en nuestra cultura, hasta los cuatro o seis años, la casa es el principal escenario donde crecen y se desarrollan los niños y niñas.

Quienes, después de vivir exclusivamente entre adultos, hemos pasado a convivir con infantes, sabemos lo que nuestra residencia necesita cambiar para acoger las necesidades de los más pequeños.

A veces, estos cambios se convierten en una auténtica revolución: nuestras casas dejan de ser los espacios ordenados y asépticos que conocíamos para convertirse en lugares más caóticos, pero quizá también más llenos de vida. Cada cual tendrá que gestionar sus propios límites, pero es un hecho que las criaturas van a atravesarlos, y que tendremos que revisarlos y adaptarlos.

Dependiendo del tipo de entorno en el que nos encontremos (rural, urbano o semiurbano, en una finca, con un pequeño jardín, una terraza, un balcón o en un sencillo piso sin más exterior que las ventanas), los niños tendrán más o menos oportunidades de entrar en contacto con el medio natural. Sin embargo, **aún en las condiciones más urbanitas, podemos abrir nuestro hogar a la naturaleza que lo rodea, e incluso convertirlo en un auténtico «oasis».**

La casa es el lugar donde solemos pasar más tiempo. Es un refugio para descansar y recuperar fuerzas; el espacio de la intimidad, donde nos quitamos la «máscara social», nos permitimos relajarnos y ser más nosotras mismas. Su disposición y características influyen decisivamente en los niveles de energía y en el estado de ánimo. Cuando somos capaces de introducir en ella el «verde», las posibilidades de regeneración y descanso se multiplican. Renaturalizar nuestro hogar puede ser de gran ayuda para la salud y el bienestar de niños y adultos.

Veamos en qué aspectos podemos incidir que, además, no supongan un gasto excesivo.

Los elementos

«Uno de los principales problemas de los niños de hoy no es la falta de experiencias extraordinarias en espacios naturales, pintorescos y salvajes, sino la ausencia de contacto diario con los elementos», asegura el autor estadounidense Richard Louv.[1]

Los elementos son —no solamente en química, sino en todas las tradiciones filosóficas y espirituales del mundo— los componentes esenciales del mundo. A través de ellos, nos relacionamos de forma concreta, y casi diría «molecular», con la naturaleza.

Según las antiguas cosmogonías de Oriente y Occidente, constituyen todo cuanto existe, incluidos nosotros, los seres humanos. **Nuestros cuerpos son nuestra primera naturaleza.** Somos, aproximadamente, un 70 % de agua (sangre, fluidos corporales...), pero también tenemos tierra (partículas densas en órganos y tejidos), fuego (procesos digestivos y temperatura corporal) y aire (oxígeno en los pulmones y gases), en distintas proporciones. Hasta la más pequeña partícula de materia está formada por los cuatro elementos, y, más allá de la dimensión puramente física, los elementos nos configuran también en los planos energético, psíquico y espiritual. Nuestro sistema corporal se encuentra en continuo movimiento, en una permanente búsqueda de equilibrio entre sus diversos componentes. Y hay una intensa relación de intercambio entre nuestro organismo y el entorno que es clave para el bienestar, la salud y la felicidad.

Cada elemento posee una serie de atributos y nos ofrece distintas experiencias y capacidades. Además del suelo que se encuentra bajo nuestros pies (arena, barro, arcilla, manto, rocas y minerales), la tierra se asocia con el mundo de la materia. El cuerpo, la densidad, el peso, la nutrición, el instinto de supervivencia, la protección y la seguridad. Su cualidad principal es la solidez; proporciona tranquilidad, paciencia y perseverancia.

El agua se vincula con el mundo de la sensibilidad, las emociones y los sentimientos. Representa la creatividad y las relaciones. Sus cualidades principales son la cohesión y la fluidez. Ofrece flexibilidad, intuición y capacidad para generar, aceptar e incluir.

El fuego es la principal fuente de energía, el motor de toda actividad. Se relaciona con la luz, la temperatura y la vibración. Tiene que ver con la actividad, la imaginación, la impulsividad, la purificación y la afirmación del yo. Aporta vitalidad y fuerza para lograr las metas.

Antiguamente, casi todas las casas tenían un espacio destinado al fuego; a todos los seres humanos nos fascina contemplarlo.

Precisamente la palabra «hogar» proviene del latín *focaris*, derivado de *focus*, «fuego». El hogar es el lugar del fuego, de la hoguera.

La cualidad esencial del aire, por su parte, es el movimiento. Rodea nuestro cuerpo y está presente también en la respiración, el mundo de la mente y los pensamientos, la palabra, las sensaciones de ligereza y libertad, la comunicación, la sociabilidad y el gusto por los cambios. Proporciona apertura a lo nuevo, ingenio e inspiración. Es muy importante renovarlo con frecuencia en todas las habitaciones.

Algunas tradiciones identifican también un quinto elemento,

el éter o dimensión espacial (vacío), que alberga a los otros cuatro. El vacío es lo que permite brillar y apreciar a los otros elementos. Aporta calma, silencio. Una casa abarrotada está llena de ruido. Hoy en día, desgraciadamente, en nuestros hogares apenas hay espacios vacíos. Se calcula que tenemos unos diez mil objetos en casa. Cuarenta veces más que nuestros abuelos y bisabuelos. Y, en general, que los pueblos originarios, que tienen, de media, unos 236 objetos.

El humano occidental cree que posee cosas, pero la mayoría de las veces es poseído por ellas.

Cada uno de los elementos se relaciona con los cinco sentidos (el aire con el tacto, el fuego con la vista), con las emociones (la ira con el fuego, la tristeza con el agua), con las formas de pensar y comportarse, y con las características psicológicas.

La interacción con estos componentes elementales de «nuestra» naturaleza afecta profundamente a nuestro organismo, y puede sanarnos, renovarnos profundamente. Medicinas como la ayurvédica y otros métodos de sanación milenarios todavía los utilizan con éxito en sus terapias. Nos conectan íntimamente con nosotras mismas y, al mismo tiempo, con el mundo que nos rodea. Disfrutamos con la arena clara del desierto o las dunas y con la tierra fértil del huerto. Nos recreamos en el océano, en un río o un lago, y nos relajamos bajo la ducha. Nos embelesamos ante las llamas y disfrutamos del calor del sol o del fuego de la chimenea. Respiramos profundamente para calmarnos, suspiramos para liberar tristeza y nos revitalizamos con el aire de la montaña.

El espacio también influye en nuestras vidas: por regla general, nos sentimos tranquilos en los lugares abiertos y seguros en los cerrados; pero si son demasiado pequeños o estamos muy hacinados, nos agobiamos; y si son muy grandes, nos producen ansiedad. De una forma u otra, reaccionamos al espacio, la mayoría de las veces sin darnos cuenta.

Niñas y niños pequeños buscan intuitivamente el contacto con

los elementos. En sus primeros años de vida, se sienten fascinados por el agua y la tierra. Si se lo permitimos, pueden jugar durante horas con arena y agua, en cualquiera de sus formas: los charcos de lluvia, los agujeros en la tierra, la corriente de un arroyo...

Recuerdo cómo disfrutaba de niña jugando con agua. Podía pasarme horas con las manos sumergidas, «bailando» en el lavabo. Eran momentos de silencio, calma y concentración intensa que mi familia apoyaba y valoraba.

El contacto con la tierra y con el agua es tan importante para el desarrollo infantil que estos dos elementos deberían estar siempre presentes en cualquier espacio de juego (interior y exterior) al menos hasta los doce años.

Muy pronto, empiezan a interesarse también por el fuego. Lo contemplan ensimismados, desean acercarse, echar leña, encender una cerilla, observar cómo se consume una vela o un papel quemado y cocinar algún alimento.

Aplicada a nuestros hogares, la teoría de los elementos nos da pistas para buscar y crear espacios amplios o, al menos, no excesivamente cargados de objetos, luminosos, en los que circule el aire y, si es posible, se escuche el agua; iluminados en algunos momentos por la luz de unas velas o de una chimenea, que proporcionan relajación, calidez y conexión emocional, mucho más que la luz artificial.

La presencia de los elementos en el diseño, la organización y la decoración de la casa enriquece muchos aspectos de nuestras vidas. Su equilibrio y armonía en los espacios son muy importantes para nuestro bienestar.

Niños y niñas agradecen, por ejemplo, que pongamos a su disposición sencillos espacios de juego, como un cajón con arena y una mesa de agua, que pueden acondicionarse en un rincón del salón, una habitación, el cuarto de baño, el balcón o la terraza.[2] La presencia de materiales naturales, como conchas, cortezas de árbol, hojas, plumas, piedras..., y el cuidado de la alimentación —siempre lo más natural posible, evitando alimentos refinados, procesados, dulces y un exceso de carne y de lácteos— son también esenciales.

En compañía de plantas y animales

Las plantas llenan la casa de hermosos colores y deliciosos olores, proporcionan bienestar y alegría, además de limpiar el aire y ofrecernos oxígeno. Contribuyen a regular la temperatura de nuestros hogares y nos acercan de forma natural al ciclo de las estaciones. Si cultivamos especies medicinales y comestibles, podemos disfrutar, además, de sus beneficiosos efectos sobre nuestra salud y alimentación.

El color verde nos relaja, nos ayuda a reducir la tensión y el estrés. También nos pone en contacto con la magia de la vida y con nuestra capacidad de maravillarnos.

A los niños les encanta observar cómo de una minúscula semilla puede salir un gran arbusto. Y con un poco de paciencia y perseverancia pueden llegar a encargarse de su mantenimiento y cuidados. **Las plantas les enseñan paciencia y una relación con el tiempo más tranquila y pausada.** Otra de sus ventajas es que ofrecen cobijo a pequeños insectos y pájaros, abriendo nuestro hogar a la naturaleza que nos rodea, incluso en los entornos más urbanos.

Además de cuidar plantas de interior, cada vez son más las familias que, con distintos métodos, cultivan pequeños huertos comestibles en sus terrazas y balcones. Si dispones de alguno de estos espacios al aire libre en tu casa, también puedes hacer un compostador que te permitirá transformar los residuos orgánicos en abono para tus plantas. Su realización y mantenimiento ofrece a niñas y niños la oportunidad de conocer concretamente la forma en que la naturaleza, «misteriosamente», aprovecha y transforma las cosas. Algunas comunidades de vecinos utilizan sus azoteas o incluso se lanzan a la construcción de un tejado verde, que no solo brinda la oportunidad de cultivar hortalizas, frutas y flores, sino que también mejora la climatización del edificio, filtra contaminantes, actúa como barrera acústica y protege la biodiversidad de las zonas urbanas.

A los espacios renaturalizados, con plantas y agua, acuden generalmente los insectos, y también las aves y otros animales salvajes, cuya presencia podemos fomentar colocando nidos, comederos y baños de agua, según las estaciones.

La relación con animales salvajes es especialmente enriquecedora para las criaturas, tanto como el vínculo con animales domésticos. Su presencia en la casa, especialmente en posición de descanso, es un indicio de tranquilidad y seguridad para los seres humanos. Se ha comprobado que acariciarlos disminuye la presión arterial y puede inducir un estado de relajación inmediata, por el simple hecho de atraer y mantener nuestra atención.

Los dos momentos de la vida en que más los necesitamos son cuando somos muy jóvenes o muy viejos. Los animales de compañía permiten satisfacer las enormes necesidades de contacto físico, compañía, amor y aceptación incondicional que tienen las niñas y los niños. Son inmejorables compañeros de juego, dotados de una gran viveza, y generan todo un mundo de posibilidades de interacción que incluyen la dimensión afectiva. A los pequeños les encantan y, con el tiempo, pueden llegar a responsabilizarse de su cuidado, lo que también contribuye a desarrollar su madurez.

Numerosos estudios confirman que **los animales de compañía contribuyen a aumentar la autoestima, así como la capacidad de empatía y las habilidades sociales**. Algunos terapeutas y educadores utilizan perros y otros animales para desarrollar la concentración, la sensibilidad, la disposición a compartir vivencias, el cálculo y el razonamiento lógico-matemático, el pensamiento abstracto, la organización espacial, la motricidad y la lectura, entre otras capacidades. Se han empleado con éxito en el tratamiento del autismo,[3] la hiperactividad, el déficit de atención y otros trastornos de conducta.[4]

Con los animales, como ante cualquier otro ser u objeto, nuestro comportamiento es un modelo para el de nuestros hijos. Recuperar nuestro vínculo con la tierra es la forma más efectiva de fortalecer el suyo. Mejor si lo hacemos desde el placer y el disfrute, sin forzarnos ni fingir. La sola motivación por «el deber» y la búsqueda de perfección pueden terminar agobiándonos.

El contagio irá, sin duda, en ambos sentidos. Su alegría e interés natural por los seres vivos nos devuelven esa capacidad de maravillarnos y divertirnos con las cosas sencillas que teníamos cuando éramos niños. De cualquier forma, si decidimos traer un animal a casa, es importante que participemos en su elección y nos sintamos a gusto con él. También debemos cuidar que las experiencias de nuestros hijos sean lo más satisfactorias posible, eligiendo aquellos que nos ofrezcan tranquilidad y confianza, a fin de evitar miedos, que pueden llegar incluso a convertirse en fobias. Conviene disponer de un entorno seguro, en el que el niño domine la situación y no se sienta amenazado o desafiado.

A la hora de adoptar (mejor que comprar), debemos tener en cuenta, además de nuestros gustos, las necesidades y características del animal. El espacio vital que requiere un galgo, por ejemplo, es mucho mayor que el de un hámster. Aunque cualquier ser vivo necesita atención, el tiempo que requiere varía según su especie: dejar solo todo el día a un animal profundamente social, como un perro, termina siendo nocivo para toda la familia. Es importante considerar ese tiempo y organizarnos para ofrecérselo. Los animales y las plantas son nuestros compañeros de vida. Es un grave error objetualizarlos, utilizándolos exclusivamente para nuestro beneficio. Cuanto más felices estén, más lo estaremos nosotras también.

Por último, la convivencia con seres vivos puede enfrentar por primera vez a las criaturas con el fenómeno de la muerte. En el capítulo 6 tratamos su significado en las distintas etapas de desarrollo del infante. Y damos algunos consejos sobre cómo enfocar este tipo de situaciones.

«Me aburro»

El aburrimiento es uno de los «males» más extendidos en la infancia de hoy. En parte, es fruto de la rápida disminución de la población de menores.[5] El porcentaje de familias con hijos únicos llega casi al 30 %. Y cada vez son más las personas jóvenes que deciden no tener descendencia, por razones generalmente económicas y, a veces, ideológicas. Cuando hay dos hijos, la diferencia de edad suele ser importante.

El aburrimiento también se debe a la incomunicación social que produce el modo de vida urbana y, en concreto, la falta de espacios seguros donde encontrarse y poder jugar.

Sea como fuere, el resultado es que muchos jóvenes se encuentran aislados: *«Me siento solo, no tengo a nadie con quien jugar»*, asegura Manuel (de siete años) en un reciente grupo de estudio, no publicado, sobre soledad infantil. *«A veces me aburro tanto que me pongo a limpiar cristales»*, cuenta su compañera Jimena (de diez años).

Como hemos comentado, el aburrimiento puede ser una consecuencia de la sobreestimulación a la que niñas y niños están sometidos: juguetes de colores chillones, supertecnológicos, lucecitas que no dejan de parpadear, programas de televisión, películas y juegos electrónicos rápidos, violentos y con sonidos estridentes... E incluso a un exceso de actividades programadas y dirigidas por adultos, una vida rápida y muy organizada que no les deja espacio para sus propias iniciativas y les induce a una actitud pasiva.

Muchas madres y padres intuyen que tras el «me aburro» hay en realidad una petición de atención, y compañía: **nuestro interés, nuestra presencia y nuestra escucha son para nuestras criaturas las más auténticas muestras de afecto**. Necesitan que les dediquemos tiempo de calidad (ese tiempo detrás del que los adultos andamos siempre corriendo), disfrutar con nosotros de momentos de juego y diversión que son la sal de la vida. Por eso, es importante encontrar actividades interesantes que podamos compartir (mejor si están relacionadas con la naturaleza), en casa y en el campo.

Por otro lado, si la vida no fuese a veces aburrida, tampoco sería interesante ni nos llenaría de entusiasmo. La cultura de la hiperproductividad en la que vivimos entiende que «no hacer nada», simplemente estarse quieta, en actitud de contemplación, es sinónimo de holgazanería, ociosidad y pereza.

A veces, el «*Mamá, me aburro*» quiere expresar un deseo de contacto. Otras, puede significar «*Por favor, ayúdame a encontrar algo que hacer, porque siempre debo estar haciendo algo*». En estos casos, lo más apropiado es acercarse a ellos y simplemente estar. Acompañarles tanto en el sentimiento de no hacer lo correcto como en la sensación de vacío que forma parte de la experiencia humana.

Cuando les damos tiempo para atravesar el desasosiego y la desorientación que les produce no saber qué hacer, pueden empezar a mirar hacia dentro y a encontrar sus propios recursos. Así, el aburrimiento se convierte en un estado plenamente constructivo. Una especie de puerta hacia la creatividad, un vacío que está ahí para ser llenado con ideas locas, geniales y divertidas. Como decía el poeta José Bergamín: «*El aburrimiento de la ostra produce perlas*». Solo hay que darles tiempo y espacio.

La naturaleza en la escuela

Todos sabemos que, a la hora de transformar la cultura y cambiar la sociedad, la educación en general y la escuela en particular desempeñan un papel muy importante.

Solemos decir que niños y niñas son los ciudadanos del mañana (aunque también hoy forman parte de nuestra sociedad) y es muy probable que los valores que adquieran en esta etapa fundamental marquen decisivamente sus vidas adultas.

Más allá de su impacto futuro, siempre me ha interesado el potencial de la educación para transformar el presente: llevados por el amor hacia las criaturas, las personas adultas somos capaces de imaginar un mundo nuevo y de cambiar muchas cosas que redundan siempre en beneficio de toda la población. Porque, como decía el pedagogo italiano Francesco Tonucci, «*la infancia es la medida de todas las cosas*».

A lo largo de los años, he podido constatar la capacidad de actuar como agentes de cambio de quienes, recientemente, han sido madres y padres. Si además tienen una sensibilidad hacia la educación y son, por ejemplo, educadoras, psicólogas o pedagogas, su poder de actuación y de convicción se multiplica.

Tres o cuatro décadas de educación ambiental, sin duda, han mejorado la conciencia ecológica de la mayor parte de la población.[6] Sin embargo, nuestros problemas humanos y ecológicos continúan agravándose. ¿Por qué?

Las causas son múltiples, y muchas de ellas quedan fuera o muy alejadas del campo de acción de los educadores. Tienen que ver con dimensiones políticas y económicas que apelan a nuestra implicación no solo como profesionales, sino también como ciudadanos.

Pero algunas de ellas, desde mi punto de vista, tienen su origen en el propio planteamiento educativo, excesivamente aséptico, fragmentado, centrado en lo cognitivo y alejado de los seres vivos.

Hace algún tiempo, en una reunión, el pedagogo madrileño Julio Rogero afirmó rotundamente: «*La educación o es ambiental, o no es educación*».

Quería decir que **es imprescindible integrar la dimensión ambiental en una educación más holística que, a través de la relación con el medio, actúe sobre la doble vertiente del desarrollo humano natural y del cuidado de la Tierra.**

El contacto con la naturaleza es tan importante para la salud física de niños y niñas como para su aprendizaje: a través de sus sentidos, de sus cuerpos, incorporan conocimientos que constituyen las bases de una memoria duradera y que son esenciales para su vitalidad.

Devuelve a los niños y las niñas al mundo de lo real que la propia escuela había escondido tras un sinfín de imágenes, gráficos, datos y abstracciones.

Además, los pone en relación con otros organismos vivos, de todas las formas, lenguajes, colores y tamaños, que aprenden a conocer y a respetar.

Contacto y amor

Los niños de hoy reciben mucha información sobre medioambiente y ecología: les hablamos del cambio climático, de la destrucción de la selva amazónica, de la desaparición de numerosas especies, del deshielo de los polos y de la contaminación de ríos, lagos y mares. Pero, aunque muchas cosas han cambiado, gran parte del conocimiento que adquieren tiene dos características comunes:

- en la mayoría de los casos, se refiere a lugares muy alejados de su entorno;
- buena parte de esta información procede de libros, fichas u ordenadores; es decir, se trata de datos sin relación directa con la realidad concreta.

En las escuelas infantiles, es frecuente ver a los más pequeños aprendiendo nombres de árboles en elegantes fichas con fotos; las contemplan entre las paredes de sus coloridas aulas, cuyas ventanas se abren sobre patios de cemento y hormigón donde no crece una hierba ni se levanta un árbol ni corre un poco de agua.

Se imparte Conocimiento del Medio con los ojos pegados a la pantalla de un ordenador, en la ultimísima versión de un programa educativo multimedia.

Incluso en las universidades, los estudiantes de Biología apenas pasan el 1 % de su tiempo en contacto directo con la vida, su principal objeto de estudio.

La consecuencia principal de esta situación es una especie de disociación esquizofrénica: **niñas, niños y jóvenes viven desconectados de la naturaleza cercana que los rodea, mientras se relacionan con animales y ecosistemas del otro lado del planeta gracias a la tecnología.**

En lugar de aprender a través de experiencias directas, les enseñamos, desde muy pequeños, modelos cognitivos y conceptos abstractos.

De esta forma, no contribuimos al desarrollo de su sistema nervioso, que necesita el contacto sensorial con lo vivo para madurar. Ni les damos la oportunidad de construir sus propias ideas sobre el mundo a partir de su experiencia. Así se vuelven inseguros respecto a sus propias percepciones y tienden a intelectualizar la realidad.

Además, las representaciones abstractas no estimulan afectos auténticos. Al retirarles el contacto directo con el entorno, les estamos privando de la base emocional fundamental a partir de la cual desarrollan el vínculo afectivo, la conciencia y los valores medioambientales.

Es cierto que internet puede ser una formidable herramienta de aprendizaje cognitivo. Permite conseguir una ingente cantidad de datos sobre cualquier ser vivo; por ejemplo, la oveja: acceder a miles de imágenes, colorear dibujos, aprender a escribir correctamente su nombre, distinguir entre un cordero, un borrego y un carnero, o las distintas razas ovinas, conocer su aparato digestivo y su forma de vida. Sin embargo, a través de la pantalla no se puede sentir su olor, ni ser testigos de la forma en que pare y amamanta a sus crías, ni percibir su miedo o su tranquilidad; ni tampoco cuidar de ella, salvo en las granjas virtuales de Nintendo o de Facebook.

El mercado tecnológico nos ofrece, con enorme rapidez, nuevos e irresistibles productos «totalmente adaptados a nuestras necesidades» y es casi inevitable que, al menos por un momento, nos dejemos seducir por sus «brillos». Pero es urgente que tomemos conciencia de por qué, y sobre todo para qué, necesitamos unos aparatos que, literalmente, están invadiendo nuestras vidas. Que desarrollemos un uso más racional de estos dispositivos que no deteriore nuestra salud y bienestar, la calidad de nuestras relaciones sociales y familiares ni nuestras capacidades de desarrollo humano, aprendizaje, creatividad y trabajo en equipo.[7]

La clave, desde mi punto de vista, es colocarlos en el lugar que les corresponde: siempre a nuestro servicio. Allí donde realmente pueden aportarnos valor, en lugar de empobrecer y reducir nuestras vidas. Utilizarlos como medios para ampliar nuestros horizontes, nunca para acceder a lo esencial.

Y lo esencial es la vida en todas sus manifestaciones: personas y seres vivos de todas las formas, colores y tamaños, visibles e invisibles.

Los estudiantes pueden aprender mucho de los libros, los ordenadores, en las aulas... Pero **estos mundos virtuales no deberían restar tiempo y espacio al verdadero origen del conocimiento: la experiencia directa, en contacto con lo vivo,**[8] con los verdaderos maestros, que solo pueden ser los seres vivos y la experiencia del mundo que cada persona vive directamente a través de sus propios sentidos.

¿Somos «buenos» para la Tierra?

Además de la falta de contacto directo con la naturaleza, la visión que transmitimos de la situación del planeta es más bien catastrofista: desastres como el hundimiento de un petrolero, un tsunami, la desforestación, los agujeros en la capa de ozono. Es como si descargáramos sobre niños y niñas todo el peso de los problemas medioambientales del mundo, con la esperanza de que hagan algo para lo que nosotras ya nos sentimos impotentes: salvar la Tierra.

¿Cómo puede estar percibiendo este «mensaje subliminal» un pequeño ser humano que apenas tiene poder para dirigir su propia vida?

El elevado grado de abstracción de los conocimientos ambientales y el pesimismo ecológico podrían estar produciendo en niñas y niños lo que David Sobel llama *ecofobia*,[9] una especie de miedo o rechazo al medioambiente, incluso simplemente al hecho de estar al aire libre. En lugar de acercarlos al mundo natural, el currículo podría estar alejándolos de él no solo física, sino también psicológicamente.

Entonces, ¿cómo contagiarles unos valores indispensables para evitar la degradación de la vida y asegurar nuestra supervivencia en el planeta? ¿Cómo convencerlos de que el cambio es posible, que el ser humano puede ser muy destructivo, pero también extremadamente beneficioso para el planeta?

Estudios realizados sobre la biografía de personas que dedican su vida a los temas medioambientales muestran infancias marcadas por el contacto con el mundo natural: pasaron muchas horas al aire libre en espacios salvajes o semisalvajes, con adultos que actuaron como modelos y les contagiaron su amor por la Tierra.

Como señala Sobel, «*solo se conoce y se cuida aquello que se ama*».

El contacto cotidiano y la contribución al cuidado de plantas y animales fortalecen su biofilia innata, refuerzan su identidad y les proporcionan autoconfianza.

Desde mediados de los años noventa, **muchos expertos y educadores están llamando la atención sobre la necesidad de un profundo cambio de enfoque en la educación ambiental**: «*Si queremos que los niños se desarrollen saludablemente, debemos darles tiempo para conectar con la naturaleza y amar la Tierra, antes de pedirles que la salven*», aconseja Sobel. Para contrarrestar la tendencia a la ecofobia, este autor propone el concepto de *ecofilia*, un enfoque educativo que consiste en apoyar la tendencia biológica innata de los niños de vincularse afectivamente con el mundo natural.

Cultivar el amor por lo vivo en los corazones de niños y niñas ha dejado de ser una cuestión de simple «romanticismo *hippy*» para convertirse en una teoría y una práctica pedagógica fundamental. Más que nunca, necesitamos desarrollar y transmitir conocimientos que nos ayuden a llevar vidas más plenas y sostenibles.

Sentir, pensar y actuar

La visión abstracta, pesimista y lejana que transmitimos del mundo en que vivimos se apoya en la vivencia de un entorno completamente fragmentado: la leche viene del tetrabrik; el pescado, de las bandejas de poliespán; el calor sale de aparatos eléctricos o a gas; los muebles y la ropa los hacen en las tiendas o simplemente los trae un señor en su furgoneta... Les hacemos creer que el ser humano lo produce todo de la nada, ocultamos nuestra dependencia de la tierra y sus materias primas.

Para situarse correctamente en el mundo, niños y niñas necesitan conocer (es decir, entrar en contacto, sentir, ver, oler, tocar, oír...) de dónde proceden realmente los alimentos, los textiles con que nos abrigamos, la energía que utilizamos. Solo así podrán comprender y participar en la importancia del respeto, de la sostenibilidad...

Es posible que muchos alumnos estén desmotivados en la escuela y no muestren interés por el aprendizaje, precisamente, porque les **falta un contexto significativo que dé sentido a cuanto sucede a su alrededor, que les enseñe cómo las cosas están conectadas unas con otras y con ellos mismos, y que les permita reflexionar sobre la forma en que podrían influir para cambiarlas.**

Y quizá sean precisamente los niños y las niñas con más problemas, los que «fracasan» en la escuela, aquellos con dificultades de aprendizaje y concentración, los que más necesiten los espacios naturales.

Afortunadamente, cada vez son más las escuelas y los educadores de todo el mundo que tratan de abrirse paso más allá de las paredes de la escuela y aprovechar las oportunidades formativas que nos ofrece la naturaleza, el entorno y sus habitantes:

- educadores que «se echan al monte», al bosque o a la playa y crean, en colaboración con las familias, pequeñas escuelas alternativas o grupos de juego en la naturaleza: escuelas bosque, escuelas playa, escuelas desierto, dehesa, estepa, laguna, marisma, montaña...;
- Gobiernos que impulsan políticas y programas para favorecer las salidas a los entornos naturales y trasladar al exterior los contenidos esenciales del currículo;
- maestras que, cediendo a un impulso irresistible, llevan tierra, plantas y animales a las aulas, para que alumnos y alumnas puedan interactuar con seres vivos en lugar de con imágenes, que gritan que la naturaleza no es un parque Disney y quieren que los niños lo sepan;
- granjas escuela que multiplican el contacto, el cuidado y la responsabilidad de niños y niñas, que reciben a miles de escolares cada día y que establecen conciertos con los centros educativos para hacer su presencia más habitual;
- comunidades educativas que se ilusionan con la idea de renaturalizar sus espacios exteriores capaces de movilizar al ayuntamiento, a su entorno cercano, para levantar el cemento y convertirlos en espacios llenos de vida: maceteros con plantas, arbustos, flores, bosquetes, piedras, puntos de agua, charcos y charcas, escondites, refugios, mesas y bancos de madera, sombreados, tejadillos..., elementos sencillos que responden a las necesidades vitales de pequeños y grandes, no a las ganas de decorar ni de amueblar el patio;
- docentes y familias capaces de implicarse en la creación de huertos escolares que muchas veces cuidan los abuelos. Con

vegetales y plantas aromáticas que incluso pueden abastecer las cocinas escolares; que crean espacios de calma, frescor, color y belleza donde hacer ejercicio y ver crecer la vida; lugares para contar cuentos, componer poesías a las flores, experimentar, cultivar la perseverancia, la paciencia y el respeto a los ritmos naturales; plantaciones donde se estudia geometría, geografía, matemáticas, ciencias naturales... que permiten a los más jóvenes comprender de dónde viene la comida y conocer los procesos, a veces demasiado largos, para llegar de la tierra a la mesa, y que además promueven una alimentación saludable e inciden en los hábitos de los niños y de sus familias;

- maestras y madres capaces de convencer a los inspectores de que una gallina, un conejo o una rana bien cuidados no constituyen peligro alguno para la higiene y la seguridad de las criaturas, sino una importante ayuda para su salud y bienestar;

- equipos directivos y docentes que establecen acuerdos de colaboración con agricultores y ganaderos ecológicos locales para que sus alumnos realicen proyectos, prácticas y servicios comunitarios en sus instalaciones;

- escuelas que se abren a su entorno natural cercano: jardines, parques, bosques, playas, ríos, montañas..., y que se comprometen con un aumento progresivo en la frecuencia de sus salidas, según sus posibilidades (una vez al mes, por quincena, por semana, al día), sin importar qué tiempo haga;

- centros que colaboran también con su entorno social y cultural, convirtiendo las plazas, las bibliotecas, los comercios, las oficinas, las fábricas, los hospitales y las cárceles en lugares donde niños y niñas aprenden directamente del mundo real;

- centros que recuperan la maravillosa «fiesta del árbol», una tradición que llegó a celebrarse prácticamente en todas las escuelas españolas a principios del siglo XIX. Una jornada dedicada a estos mágicos seres, durante la cual, además de sembrar plantones, celebramos todo lo que les debemos a los árboles: la belleza y la higiene de pueblos y ciudades, el perfume, la sombra, el filtrado y la contención del agua, la detención del avance del desierto, la fertilización de la tierra, la conservación de la humedad del suelo, la mejora del clima, el equilibrio de la atmósfera, la prevención de inundaciones y sequías, el cobijo de aves y de todo tipo de animales...

Millares de celebraciones de este tipo en España, Europa y el mundo demuestran que, cuando la pedagogía verde inspira y orienta los proyectos educativos, las escuelas incorporan, de manera práctica, los valores del mundo natural (y social); y los estudiantes y sus familias aprenden que el aprendizaje no es una «forma disimulada de encarcelamiento», sino la más preciosa puerta hacia el ancho mundo.

LA NATURALEZA EN LA CIUDAD

Como hemos comentado, el número de personas que residen en ciudades no ha dejado de incrementarse en el último siglo. Hoy, la mitad de la población mundial reside en grandes urbes, y la previsión es que sea un 70 %, a mediados de siglo.

Como resultado de decisiones urbanísticas que durante décadas han privilegiado las necesidades de un pequeño sector de la población (mayoritariamente, hombres adultos que se desplazan en automóvil...), **las ciudades se han convertido en entornos hostiles e insanos**.

El crecimiento urbano, por regla general caótico, es responsable de muchos problemas de salud, bienestar y desarrollo, vinculados al déficit de naturaleza en la infancia (y en la edad adulta).

La contaminación atmosférica, el ruido o el exceso de cemento y asfalto tienen un impacto muy negativo sobre la salud, el bienestar y la calidad de vida de sus habitantes.

Pero las ciudades no siempre han sido ruidosas, contaminadas, solitarias e inseguras. Hubo un tiempo en que se parecían mucho más a los pueblos de antes: tranquilas, seguras, sociales y con el aire limpio.

Según las encuestas, la mayor parte de los ciudadanos soñamos con esa ciudad rural en la que vivieron nuestros abuelos. Y la buena noticia es que nuestro sueño puede hacerse realidad. Es una cuestión de prioridades y de voluntad.

De reconocer que la renaturalización de las urbes es clave para vivir infancias más saludables y recuperar nuestro vínculo afectivo con la Tierra.

Ninguna inversión puede dar resultados tan positivos y con mayor impacto.

La deshumanización de los espacios urbanos

En una conversación informal, Antonia, una madrileña de sesenta y nueve años, recuerda cómo era su ciudad hace sesenta años:

> *Me parece imposible, casi un sueño, la libertad de la que disfrutábamos antes; con siete u ocho años, mis hermanos y yo bajábamos una silla de casa a la calle para ver a los titiriteros, y las puertas quedaban abiertas.*

Hoy, la mayoría de las ciudades se han deshumanizado y desnaturalizado. El imperio del automóvil, la contaminación, los ruidos, la incomunicación vecinal, la fragmentación de la vida, la pérdida del sentido de lo común, el miedo a los extraños, la «limpieza biofóbica» que destruye plantas y animales, los problemas de seguridad... han convertido los espacios públicos en meros lugares de tránsito:

«Quedar para jugar en la calle no es divertido —señala Natalia, de diez años, durante una reunión sobre el tema—. *Hay mucho*

coche, gente que pasa corriendo y te dice que te apartes. Hay gente mala».

La falta de lugares de encuentro y, especialmente, de espacios verdes, o de simples descampados, espacios vacíos donde la naturaleza «campa a sus anchas», ha reducido drásticamente la libertad, la autonomía y las posibilidades de encuentro y juego espontáneo de niños, niñas y jóvenes.

Continuamente custodiados y vigilados por adultos, su capacidad de enfrentar riesgos y responsabilizarse de sí mismos está en caída libre. Solo un 30 % de los menores de doce años van andando al cole. Y la mayoría solo sale a jugar fuera si el edificio donde vive dispone de un patio interior. Por mucho que les gusten, sus organismos no están preparados para pasar horas y horas encerrados, mirando una pantalla.

La transformación de las ciudades es una clave fundamental para incidir en la salud y el bienestar de millones de niños y niñas. Ninguna inversión puede ser más eficiente. Pero ¿cómo hacerlo?

Ciudades más salvajes

Concebidas históricamente como oposición al «mundo salvaje» que representaba una «amenaza» para la civilización, las ciudades se construyen destruyendo la orografía del terreno (colinas, cauces de arroyos y ríos, árboles o valles) y el hábitat de plantas y animales.

Los procesos de urbanización transforman una tierra teóricamente «vacía» en alojamientos y equipamientos para la vida. Pero lo hacen a costa de aniquilar otras formas de vida que, desde la perspectiva antropocéntrica, son «inferiores» o ni siquiera «están vivas».

Con su continuo crecimiento y absorción de recursos, las aglomeraciones urbanas destruyen y desequilibran incluso los ecosistemas más alejados.

La tendencia a la suburbanización del territorio y a la despoblación del medio rural contribuyen a imponer el modo de vida urbano en todos los rincones del planeta, borrando cada vez más la tradicional dicotomía campo-ciudad.

Y amenazan la supervivencia de muchas especies, algunas de las cuales se ven obligadas a acercarse a la periferia en busca de agua o alimento, pese a los numerosos peligros.

Los vínculos de las familias con la tierra también se debilitan: la mayor parte de la gente vive toda su vida en grandes poblaciones, y son cada vez menos los afortunados que disfrutan de un abuelo o de una tía en el pueblo.

La supuesta «inferioridad» de la vida no humana, que justificaba nuestro comportamiento despectivo hasta el momento actual, está siendo puesta en tela de juicio por científicos y ecologistas.

Todas las especies vivas tienen o deberían tener «derechos».[10] Además, pueden ayudarnos a superar muchos de los problemas provocados por las propias aglomeraciones, como reducir la contaminación o limitar el fenómeno de las islas de calor.[11]

Cada vez más urbanistas y paisajistas proponen «soluciones basadas en la naturaleza», que buscan reintroducirla en las ciudades. **Aunque pretendan negarlo, las ciudades pertenecen al medioambiente.** E incluso en las más artificiales es posible reconocer los signos de la vida: una planta que crece en el asfalto, un insecto que parece salido de la nada...

Preservar islotes de vida salvaje, separados de todo lo demás en parques y reservas, no es suficiente para conservar la biodiversidad.

El ser humano necesita aprender a convivir con las otras especies. Es urgente. Un entorno urbano saludable requiere la creación de pasillos verdes por donde pueda circular la diversidad biológica.

La renaturalización de las ciudades responde perfectamente a la doble necesidad de frenar la destrucción del planeta y satisfacer la necesidad humana de biofilia, aumentando nuestra sensación de enraizamiento en la naturaleza.

Sus implicaciones van mucho más allá de la simple creación de parques y jardines, e incluso del movimiento de ciudades sostenibles, generalmente más centrado en aspectos energéticos. Apuntan hacia un urbanismo y una arquitectura biocéntricos, que ponen la vida en el centro, reconocen el valor intrínseco de las otras especies, y practican el respeto y la regeneración de los entornos naturales.

Son muchas las ciudades europeas que se han lanzado a la aventura del urbanismo verde y que están definiendo o redefiniendo su estructura desde el punto de vista de la biodiversidad. Sus objetivos básicos son la integración en los medios natural, rural y urbano; el ahorro de recursos energéticos y materiales; y la calidad de vida en términos de salud, bienestar social y confort de sus habitantes.

En la mayoría de ellas predominan el transporte público, ciclista y peatonal sobre el automóvil; los tejados verdes y las energías renovables; el respeto y la recuperación de arroyos y corrientes de agua que se destapan y repueblan con vegetación autóctona; la gestión responsable de residuos; la creación de huertos, granjas urbanas y amplias zonas verdes sin coches donde los niños pueden jugar libremente, y los adultos encontrarse con plantaciones de árboles en las escuelas y sus entornos, etcétera.

Se trata de revitalizar las ciudades permitiendo que la naturaleza y la infancia vuelvan a recuperarlas. De crear aglomeraciones con un rostro amable, donde las necesidades vitales vuelvan a ser consideradas y respetadas. Que favorezcan la presencia en las calles de sus habitantes y su participación en los órganos de gobierno.

Porque, como señalaba la investigadora italiana Antonella Prisco,[12] compañera de Francesco Tonucci: «*El niño es un excelente indicador de la calidad ambiental de las ciudades. En las ciudades saludables y hermosas, los niños juegan en las calles*».

Mapas y custodia del entorno

Incluso en los lugares más artificiales existen reductos escondidos, no organizados, donde bulle la vida salvaje; pequeñas plantas y animales que expresan la increíble fecundidad de la tierra, de las hormigas a los pájaros y las «malas hierbas».

Además de las salidas regulares al entorno próximo que, como decíamos, deben ser cotidianas para recoger todos sus beneficios, una buena forma de vincularnos con la naturaleza de nuestro pueblo o ciudad es **dibujar un mapa de la vegetación más cercana y mantener un registro de observación**, por ejemplo, en las distintas estaciones, para conocerla mejor y responsabilizarnos de su cuidado.

Podemos, por ejemplo, hacer un mapa de las especies que conviven en nuestro vecindario, situando primero las calles y los edificios, y después los árboles, las plantas, los pájaros e insectos que vayamos encontrando en nuestras salidas de exploración. Especialmente en la mediana infancia, a los niños les encanta jugar a ser exploradores.

Con cada recorrido, iréis enriqueciendo vuestro mapa con nuevos descubrimientos que darán lugar a numerosas preguntas, búsqueda de información, etcétera. Asumir la custodia de algunos de estos seres permite profundizar el cariño, desarrollar el sentido de pertenencia y la identidad ligada a la vida que nos rodea.

Se puede documentar con fotos y vídeos, y crear un rincón en la casa donde estén presentes y representadas. De esta forma, ya no saldremos simplemente «a dar una vuelta» o «porque hay que tomar el aire», sino para visitar a nuestros vecinos no humanos, interesarnos por los cambios que están experimentando —su crecimiento, sus cambios con las estaciones, por ejemplo— y saber si necesitan algo de nosotras.

Así conseguimos que el valor del cuidado se incorpore muy pronto en la vida de una criatura, y que perdure a lo largo del tiempo.

También es interesante implicarse en la creación o el manteni-miento de un huerto urbano (algunos de ellos tienen espacio para niños y niñas), crear o participar en un club de naturaleza en el ba-rrio o en algún sistema de *bicibús o pedibús* para que las criaturas puedan ir caminando a la escuela.

6

Las enseñanzas de una madre

CONOCER Y RESPETAR LO VIVO

El universo que conocemos, el que somos capaces de nombrar e imaginar, existe desde el principio de los tiempos (tal vez incluso haya existido siempre). Sus galaxias, estrellas y planetas, la materia, la energía, el movimiento, las leyes que lo gobiernan se despliegan continuamente en una macroescala difícil de abarcar para la mente humana. De acuerdo con la teoría del *big bang*, se calcula que la edad del cosmos es de aproximadamente 13.700 millones de años, dato que no deja de ser una hipótesis, la mejor de la que disponemos actualmente, pero una suposición a fin de cuentas.

Algo más exacta parece la estimación de la antigüedad de la vida en la Tierra: 4.600 millones de años.

Traducido a la escala temporal de los relojes actuales, si nuestro planeta está «habitado» desde hace aproximadamente una hora, la especie humana hizo su aparición solamente ¡en el último segundo!

Un número incontable de seres vivos de todos los reinos y de todas las especies —bacterias, hongos, algas, árboles y plantas, insectos, peces, aves y mamíferos— tuvieron que existir para que pudiera desarrollarse el *Homo sapiens*. Nos creemos los más importantes, pero fuimos los últimos en llegar; **somos los hermanos menores**[1] **en la gran familia de la biosfera**.

A lo largo de todo ese tiempo, lo vivo se ha producido a sí mismo; ha generado el medio donde nos encontramos (la biosfera) y ha ido adaptándose a sus cambios, al tiempo que creaba las condiciones más favorables para continuar expandiéndose.

Podemos verlo, por ejemplo, en un bosque. Su ecosistema crece y se desarrolla mientras, entre otras cosas, cultiva la fertilidad del suelo, produce tierra y alimento, limpia el aire y el agua, y elabora el cóctel que muchos animales necesitamos para respirar.

Como señala la escritora Janine Benyus: «*La naturaleza hace lo que tiene que hacer para satisfacer sus necesidades y, al mismo tiempo, cuida del lugar que va a cuidar de sus descendientes*».[2]

La Tierra lleva miles de millones de años preservando la vida. Sin embargo, no somos capaces de reconocer sus conocimientos, porque la vemos como una simple piedra. Poco más que un recurso.

Si pudiéramos considerarla el ser vivo que realmente es, aprenderíamos a valorar la sabiduría que atesora, infinitamente más grande que la nuestra.

¿Qué nos lo impide?

Antropocentrismo: la humanidad contra la natura

Decíamos que el déficit de naturaleza es el resultado de un estilo de vida desconectado, característico de las sociedades modernas. Precisamente, las mismas condiciones humanas y sociales que destruyen el planeta. Sin embargo, lo que ocurre en el mundo moderno va mucho más allá de una forma de vivir asociada a unas costumbres, unos hábitos...

Es el resultado de una visión del mundo. Y se ha ido fraguando en una larga tradición cultural que se remonta a la Grecia clásica. En lugar de situarnos en continuidad con la biosfera, la cultura occidental ha llegado a definir la humanidad ¡como lo opuesto a la naturaleza!

Según nuestras creencias más arraigadas, en el proceso de la evolución, nuestra especie ha conseguido sobreponerse a su condición animal inicial. Ha podido elevarse desde los «bajos instintos de las bestias» para convertirse en un ser totalmente distinto, dotado de una «prodigiosa inteligencia», una «conciencia incomparable» y una «tecnología única»...

¿Cómo hemos llegado a esta convicción? Y, sobre todo, ¿cómo podemos sostenerla, cuando sabemos que somos animales, de la clase de los mamíferos, del orden de los primates, de la familia de los homínidos, de la especie *Homo sapiens*? Somos los hermanos menores, como decíamos antes.

El conjunto de seres vivos que conviven con nosotros en el planeta (a los que llamamos *recursos*) hace posible nuestra existencia y todos sus desarrollos económicos, sociales, culturales y tecnológicos. Pero nos empeñamos en negar que somos, simplemente, una especie más entre millones.[3] Un simple nodo en la red de la vida. Y sostenemos que la naturaleza es lo contrario de la cultura.[4] Por eso, al indígena, que vive en armonía con su entorno y desconoce nuestras costumbres, lo llamamos *salvaje*, afirmando que está «por civilizar». Hemos olvidado que lo contrario de *salvaje* es *domesticado*. Y lo que destruye la civilización es la barbarie, la decadencia de todos los valores.[5]

Es cierto que somos diferentes: todos los seres lo son; lo vivo produce esencialmente diferencias. Y también que nos gusta sabernos diferentes. O quizá, simplemente, sentirnos superiores.

Nuestra superioridad está justificada por la ideología del antropocentrismo. Literalmente, *antropocentrismo* significa poner «lo humano en el centro». En realidad, nos coloca en lo alto de la pirámide divina sobre la que se sentaba Dios en el Medievo. Con la llegada de la Ilustración (siglo XVII), destronamos al Señor judeocristiano para colocar al hombre.

Hemos llegado a creernos dioses y a pensar que la naturaleza está a nuestro servicio. Que somos capaces de producirla y de controlarla a nuestro antojo. Estamos convencidos de que, algún día, no quedará un solo reducto de la vida que no sea diseñado, creado y dirigido por el ser humano.[6]

Cuando negamos nuestra pertenencia irrevocable a la naturaleza, cortamos nuestros vínculos del sustrato material y energético que lo sostiene todo. Nos separamos de la biosfera, el «*conjunto de todos los organismos vivos del planeta y de sus interrelaciones entre sí y con el medio*».[7] Rechazamos el dinamismo de la vida y nuestra propia condición de seres vivos.

Según nos cuentan los biólogos Francisco Varela y Humberto Maturana, a diferencia de las máquinas, los organismos llegan a la existencia por sí mismos, sin que nadie necesite producirlos. Son seres autocreados, autorregulados y autogobernados.[8] Tienen su propio sentido y su propia evolución.

El antropocentrismo no solo nos construye de espaldas a la biosfera, sino también a nuestra propia esencia. A nuestro cuerpo, que se convierte en una cosa, algo que «tenemos», en lugar de «aquello que, sustancialmente, somos». Para demostrar nuestra superioridad, levantamos ciudades fortaleza que nos aíslan del entorno. Fabricamos máquinas «perfectas» que mantienen nuestra ilusión de omnipotencia.

Aferrados al «progreso», pretendemos evitar todos los «inconvenientes» de la vida. Dejar de someternos a las leyes de la naturaleza y liberarnos de la enfermedad, la vejez e incluso de la propia muerte.

Queremos dominar, conquistar, producir y explotar cuanto nos rodea: de los fondos marinos a las profundidades de la tierra y las estrellas más lejanas. Y para conseguirlo, estamos dispuestos a destruir el medioambiente, nuestra propia salud y plenitud, y el equilibrio de nuestras sociedades.

Inmersos en una relación de poder con la Tierra (y, en consecuencia, con nosotras mismas), la hemos desposeído de todo cuanto pudiera atribuirle un alma, una sensibilidad y una conciencia.

Está claro que necesitamos cambiar de relato lo antes posible.

La emergencia de culturas biocéntricas

La historia de nuestra superioridad es sencillamente un cuento que no dejamos de contarnos. Una historia que, en el fondo, enmascara nuestra fragilidad. El ser humano existe en una especie de abismo entre dos nadas. No sabemos de dónde venimos. Menos aún, hacia dónde vamos.

Como cualquier otro animal, estamos sometidos al dolor, a la muerte, a la pérdida de seres queridos... Quizá son precisamente nuestros miedos y nuestras necesidades secundarias —como la codicia o la *hybris*—[9] los que no nos permiten apreciar y nos empujan a destruir el paraíso en que vivimos. Un hermoso planeta azul que está, literalmente, «en mitad de los cielos».

Cuando, a finales de la década de 1960, el químico estadounidense James Lovelock[10] realizó un análisis comparativo de las atmósferas de Marte y la Tierra (tratando de comprender por qué en un planeta hay vida y en el otro no) para la NASA, se sorprendió al encontrar que la Tierra es un sistema autorregulado y, por lo tanto, ¡un auténtico ser vivo!

A partir de ese trabajo, Lovelock desarrolló su conocida *hipótesis Gaia*, según la cual el conjunto de los seres vivos —de las ballenas a los virus y de los robles a las algas— constituye una única entidad viviente, capaz de transformar la atmósfera del planeta para adecuarla a sus necesidades. Dotada de propiedades y capacidades que exceden con mucho a la suma de sus partes.

La propuesta de Lovelock fue inicialmente recibida con recelo por la comunidad científica. Hoy, aunque con diversos matices, es ampliamente aceptada.

Gracias a él, el mundo occidental empieza a cambiar su visión del planeta. De ser un escenario inerte donde, accidentalmente, se desarrolla lo vivo, la Tierra se nos presenta como un ser dotado de conciencia e inteligencia, y con una intención o voluntad muy clara: cuidar la vida.

Una visión más cercana a la noción de Madre Tierra que abrazan la mayor parte de las culturas indígenas.

Tal y como la imaginaron los pueblos antiguos, que vivían (y aún viven) inmersos en sus entornos, nuestro planeta es un gigantesco organismo vivo, una especie de gran animal; un todo coherente, autodeterminado e interdependiente, cuya capacidad de autorregulación le permite, por ejemplo, mantener constante la temperatura del suelo, la salinidad de los océanos o la composición de la atmósfera.

Los conocimientos ancestrales de esos pueblos[11] muestran que es posible habitar el planeta en un estado de respetuoso «dar y tomar» con la flora y la fauna, los ríos y las colinas, el cielo y el suelo, de los que dependemos para nuestro sustento.

Las costumbres, el folclore, los mitos, los ritos y la espiritualidad de estas culturas protectoras de la biodiversidad ilustran ampliamente cómo **la biofilia innata del ser humano puede ser respaldada y fortalecida por la cultura.**

Con su larguísima trayectoria, que desborda ampliamente los aproximadamente trescientos años que llevamos de era industrial, nos recuerdan que nuestra especie no es intrínsecamente dañina para la biosfera. Que somos capaces de establecer relaciones armoniosas con la naturaleza.[12]

Hoy, nuestra tarea es encontrar la forma de combinar modernidad y tradición para recuperar esos saberes, superar el antropocentrismo y transitar hacia culturas que pongan lo vivo en el centro de la acción humana.

En las últimas tres décadas, este proceso de revivificación o —como me gusta llamarlo— de *reencantamiento* de la Tierra se ha acelerado.

Cada vez son más los investigadores que perciben a nuestros compañeros de vida, esos organismos que durante siglos hemos considerado «idiotas», como seres dotados de una inmensa sabiduría.

Uno de los principales representantes de este nuevo enfoque es el italiano Stefano Mancuso. Un genial biólogo que lleva casi cuarenta años investigando la neurobiología de las plantas.

Entre otros hallazgos, Mancuso ha descubierto que su sistema radicular es una especie de cerebro. Los vegetales poseen receptores por todo el cuerpo, gracias a los cuales pueden oler, escuchar, comunicarse y aprender. Tienen unos cuarenta y siete sentidos, y son seres altamente sensibles e inteligentes.[13]

En el mundo animal, el psicólogo Marc Hauser demostró hace más de tres décadas que los animales piensan;[14] y el etólogo Carl Safina desafió los límites entre lo animal y lo humano al desvelar cómo los animales se emocionan y piensan más allá de las palabras.[15]

En el ámbito de las aplicaciones, la biomímesis, por ejemplo, estudia cómo funciona la naturaleza para aprender de ella e imitarla, aplicando sus ideas a los diseños, la organización y los procesos humanos. El diseño de las alas de un helicóptero inspirado en la libélula; la cabeza aerodinámica de algunos trenes, que copia la forma del pico de ciertas aves, o el movimiento fototrópico de los girasoles, que ha inspirado el funcionamiento de las placas solares, son algunos ejemplos de biomímesis.

El enfoque de las soluciones basadas en la naturaleza (SBN) utiliza también la biodiversidad y los procesos naturales, como el cierre de ciclos (reciclaje), para encontrar soluciones sensatas a los problemas socioambientales que ha planteado el ciego antropocentrismo extractivista.

Ingenieros, arquitectos, biólogos, paisajistas, agricultores y muchos otros profesionales trabajan de manera transdisciplinar en la creación, regeneración y resiliencia de ecosistemas cuyas características no solo beneficien al ser humano, sino también a otras especies.

Queda aún mucho por recorrer. Necesitamos una transformación profunda, y el movimiento está, prácticamente, en sus inicios. Pero estoy convencida de que algún día, de una forma u otra, seremos capaces de resituarnos. De recuperar nuestro lugar único en la biosfera. De aportar nuestra contribución a lo vivo desde una actitud de colaboración y profundo respeto. Las culturas biocéntricas son el camino.[16]

El milagro de la Tierra

¿Es la vida un fenómeno común en el universo o un hecho puntual limitado a nuestro planeta?[17]

Durante siglos, creímos que estábamos solos en el universo. Después, nos planteamos que debían existir otros mundos, quizá incluso «vida inteligente», como la humana, en otros planetas. Y la buscamos sin éxito.

En las últimas décadas, los científicos han encontrado pruebas de la existencia de moléculas orgánicas en el espacio, y se calcula que, solo en nuestra galaxia, hay unos 100.000 millones de exoplanetas, muchos de los cuales son mundos acuáticos, con hasta un 50 % de agua.[18]

Sin embargo, basándonos en lo investigado hasta el momento, la probabilidad de que un exoplaneta recién descubierto no presente rastro alguno de vida es casi del cien por cien.[19]

Lo que convierte la vida terrestre en algo extraordinario no es solo su posible escasez ni su rareza en el universo; es la forma en que se ha desarrollado. Han tenido que coincidir «mágicamente», a lo largo de billones de años, toda una serie de acontecimientos astronómicos y geofísicos singulares para que emergiera la biosfera. La vida en nuestro planeta es un auténtico milagro. Una «anomalía» difícil de apreciar en nuestra cultura, entre otras cosas debido a su gratuidad y a su cotidianidad.

Si queremos transformar nuestra cultura y caminar hacia un mundo en armonía con toda la biosfera, necesitamos volver los ojos (y todo nuestro ser) hacia el mundo natural. Recuperar la capacidad de observar, de sentir y de emocionarnos con lo vivo, como cuando éramos niñas.

Volver a asombrarnos con las preciosas formas y colores de un atardecer. A maravillarnos ante la increíble capacidad de una planta para transformar la luz, el agua y la tierra en energía; para vestirse de colores y esparcir sus semillas. O la habilidad de la araña para construir telas extremadamente fuertes; y la de los moluscos para desarrollar sus conchas transformando el dióxido de carbono en calcio. Que la Tierra continúe girando alrededor del Sol sin detenerse un instante, o que puntualmente cada primavera vuelvan a salir las hojas de los árboles son continuas muestras de lo mágica y extraordinaria que es la vida. Sobre todo, cuando se manifiesta en las cosas más sencillas, aquellas que, de tan cotidianas, damos por sentadas y ni nos planteamos que podríamos perder.

Pese a la tecnolatría y al utilitarismo imperantes, que nos muestran un mundo inerte y sin alma, todos los seres humanos nacemos con la capacidad innata de maravillarnos. Por eso, nuestros infantes son los mejores maestros.

Las criaturas no dejan de sorprenderse con cualquier «nimiedad» y plantean mil preguntas sobre todo lo que ven y sienten. A menudo, se comportan como auténticos filósofos y no se contentan con cualquier respuesta, quieren razonamientos, datos y evidencias.

Aunque escasamente reconocida y valorada (en parte por considerarse una actitud «infantil»), **la capacidad de maravillarse es una forma de conocimiento sensible que nos nutre a lo largo de toda la vida**: es fuente de alegría, entusiasmo y enriquecimiento personal, y está en la base de la motivación, la creatividad y el aprendizaje. Además, como cualquier otra capacidad, es posible cultivarla y desarrollarla, siguiendo el ejemplo de nuestros pequeños.

El asombro es una emoción amorosa que nos enseña a empatizar y a actuar de forma más respetuosa, ecológica y sostenible. A través de este sentimiento, también incorporamos valores indispensables para llevar una existencia equilibrada, valorando y respetando lo vivo.

Así descubrimos que toda la naturaleza es una gran maestra.

Los vegetales, por ejemplo, nos enseñan que la actividad frenética, el hacer por hacer, no es el único camino para el éxito: la quietud, la paciencia y la sabiduría pueden ser extraordinariamente efectivas. También nos muestran cómo la cooperación y el crecimiento lento y constante son imprescindibles en un mundo donde todos los seres dependemos unos de otros; donde nadie ni nada se encuentra aislado. Y nos exhortan a aceptar los cuidados de la tierra, a confiar en su sabiduría y a entregarnos plenamente a la vida.

Los animales, por su parte, están continuamente presentes en el imaginario de los pueblos antiguos, a menudo como mensajeros, con funciones mágicas y oraculares. Curiosamente, en una época en que hemos perdido casi por completo el contacto con la vida salvaje, las criaturas crecen rodeadas de ositos de peluche, dibujos y juguetes de animales. Así expresan (y nosotros reconocemos) un anhelo humano ancestral de compañía animal para la soledad de nuestra especie.

«Si los animales desaparecieran, moriríamos de una gran soledad», dice el gran jefe Seattle en su famoso discurso.[20]

Los animales nos muestran otras maneras de vivir y apreciar la vida, y nos enseñan cualidades y valores como la lealtad, la constancia, la tolerancia, la fuerza y la astucia.

Junto con las plantas, el agua, las rocas y los paisajes nos devuelven al lugar al que pertenecemos, ayudándonos a recuperar nuestro centro: un espacio de equilibrio, igualdad y autenticidad (ni por encima ni por debajo de otros), desde el que respetarnos a nosotras mismas y a los demás seres vivos.

Son maestros silenciosos y humildes que no necesitan tarimas ni grandes discursos, y que nos instruyen, simplemente, con el ejemplo.

EL MISTERIO DE LA MUERTE

A consecuencia de nuestra desconexión, tendemos a dividir la naturaleza en dos mitades: la «buena» y la «mala». E intentamos relacionarnos exclusivamente con aquello que consideramos positivo.

Queremos pasar el fin de semana junto a un bosque frondoso e intacto, lleno de preciosas cascadas, por donde corretean los corzos y los gamos. En cambio, nos desagrada ver los troncos pudriéndose, a un depredador devorando a su presa o el olor de un animal muerto.

La naturaleza es una unidad que no puede separarse. Puede ser tranquila y hermosa, pero también inflexible y cruel desde nuestro punto de vista. Observándola, comprendemos que la vida y la muerte —el milagro del nacimiento, la lucha por la supervivencia y la decadencia— están completamente entrelazadas. Ambas conviven con tal naturalidad, tal diversidad de estrategias y formas de expresarse y relacionarse, que las ideas preconcebidas y las certezas absolutas se desvanecen.

La naturaleza no conoce la linealidad, todo en ella son ciclos que se suceden, se renuevan. Y la muerte es solo una etapa más del movimiento: la que nos muestra la fragilidad y la inclemencia, pero también toda su fuerza de regeneración.

Mientras que las culturas «tradicionales» conviven de forma natural con la muerte y la decadencia, nuestra sociedad las ha convertido en un auténtico tabú social y educativo. Fenómenos naturales que raramente percibimos, y de los que todo nos induce a apartarnos.

Nuestra existencia en las ciudades transcurre completamente al margen de estas realidades: podemos consumir carne, pescado y otros productos derivados de animales sin ser testigos de la forma en que mueren; vegetales sin haberlos arrancado nunca; y la escasa fauna y flora con la que convivimos (siempre florida y fresca, gracias a nuestros eficientes jardineros) resulta insuficiente para enfrentarnos a los cambios. Vivimos como si todo fuera eterno, y nosotras, inmortales.

Cuando tenemos la desgracia de perder a algún familiar, a un conocido o un animal de compañía, entramos brutalmente en contacto con la finitud de la vida. Pero, a menudo, la muerte se nos presenta como un enorme vacío, una abstracción sin rostro ni cuerpo, porque fallecemos cada vez más en hospitales, y las ceremonias funerarias son asépticas y expeditivas.

En el campo, en cambio, este fenómeno natural está continuamente presente en toda su crudeza: un pájaro caído del nido, una lagartija ahogada en el agua, una araña que captura y devora a su presa, un animal de granja que enferma o envejece y muere. Los niños lo descubren, se asombran, preguntan... Y es más fácil que nos veamos en la necesidad de abordar estas cuestiones con ellos. Aunque nos sintamos poco capacitados para sostener una conversación sobre estos temas, y hasta se nos haga un nudo en la garganta, puede ser una oportunidad única para acercarnos más, empatizar, reflexionar y aprender juntos. Para fortalecer nuestro vínculo.

La muerte forma parte de ese movimiento continuo que es la vida. Representa la desaparición de un ser vivo, pero no es un final definitivo: proporciona el fundamento material para la emergencia de un nuevo organismo. Las hojas caídas de los árboles alimentan el suelo donde crecerán nuevas plantas y las flores marchitas se convierten en frutos. Nada se desperdicia en la naturaleza, todo vuelve a integrarse en un nuevo ciclo.

La muerte es una experiencia difícil para el ser humano, que teme al vacío y a su propia desintegración. Sin embargo, algunas personas afirman que la proximidad de la muerte proporcionó sentido, belleza, profundidad y misterio a sus vidas.

En medio de una tragedia, confrontados a este delicado tema, y con la responsabilidad de «explicárselo» a los más pequeños, muchas veces los adultos nos encontramos desorientados y sin recursos. ¿Cómo abordar la cuestión de la muerte con niños y niñas? ¿Deberíamos mantenerlos apartados de ella? ¿Mostrarles solo el lado hermoso de la vida? ¿Prepararlos para la realidad de la muerte? ¿En qué momento? ¿A qué edades?

En primer lugar, se trata de una realidad que difícilmente podemos ocultarles. Son seres sensibles, más allá (y más acá) de las palabras.

Si tratamos de negar, camuflar o pintar la muerte más bonita de lo que realmente la vemos, sentirán la incoherencia entre nuestras emociones y lo que hacemos o decimos. Se darán cuenta de que les estamos ocultando algo, y esa sospecha les producirá aún más incertidumbre.

Además, tarde o temprano, de una u otra forma, tendrán que enfrentarse a ella. Es preferible actuar abiertamente, aunque también con conciencia y equilibrio. Si estamos atravesando un duelo, es mejor que aliviemos nuestro dolor con otras personas adultas y, cuando estemos preparadas, compartamos lo sucedido y nuestros sentimientos con las criaturas. Nos sorprenderá la naturalidad y la serenidad con las que muchas veces se comportan en las situaciones más difíciles.

Cuando nos pregunten sobre la muerte, evitemos intelectualizar —darles una explicación exclusivamente científica del fenómeno para mantenerlos a distancia—. Los niños y las niñas van a apreciar sobre todo nuestra autenticidad, que les hablemos con sencillez y honestidad de lo que sentimos, que compartamos con ellos miedos y dudas. Que nos mostremos humanos, imperfectos y vulnerables. No necesitan que seamos héroes, sino personas cariñosas y sensibles.

Antes de responder, tomemos conciencia de lo que sentimos y de lo que estamos dispuestos a compartir. Tratemos sobre todo de ser coherentes. No merece la pena decirles que la perrita «ahora está en el cielo», cuando no creemos en el más allá...

Conocer la forma en que se va construyendo el concepto de *muerte* durante el desarrollo, con las aportaciones de la familia y del contexto sociocultural, puede sernos muy útil. De forma natural, cada niño y cada niña atraviesan una serie de etapas, en función de su edad, características personales y el tipo de experiencias que han vivido. No es necesario, e incluso resulta contraproducente, intentar forzar o acelerar el proceso: **la madurez intelectual para manejar ideas abstractas se alcanza cuando las estructuras cerebrales están preparadas**. Antes de soltarles un brillante discurso sobre la muerte, es interesante escuchar su punto de vista y situarlo en el momento evolutivo en que se encuentran. Así podremos ofrecerles información adaptada, o simplemente acompañar el progreso de su pensamiento y su capacidad para ir simbolizando e integrando las nuevas vivencias.

Los caracoles también mueren

Para los más pequeños, la muerte es un estado temporal y reversible que no excluye otros atributos, como el movimiento o la palabra.

Si por casualidad entran en contacto con ella (al ver una película, descubrir los restos de un animal en el campo, perder una mascota o a un familiar...), en cuanto pueden, la integran (y la elaboran) en sus juegos simbólicos.

Al principio, suelen relacionarla con el sueño, y el personaje estará «como dormido», pero pronto empezará a hablar tranquilamente con los demás, se alimentará, irá a la escuela e incluso volverá repentina y espontáneamente a la vida, tras un periodo razonable ¡o por puro aburrimiento!

Hasta los seis o siete años, no empiezan a asimilar este concepto a la manera adulta, es decir, como algo irreversible y definitivo que, en principio, excluiría toda nueva manifestación de vida. La universalidad e inevitabilidad de la muerte de todo ser vivo es una de las últimas características que integran.

A esas edades suelen manifestar curiosidad por el proceso físico de descomposición y lo que ocurre después de morir.

Un poco más adelante, empiezan a ser conscientes y a imaginar su propio fallecimiento o el de sus seres queridos. Entonces, puede aparecer el miedo a lo desconocido, a perder el control y el vínculo con familiares y amigos.

Una conversación sobre la muerte puede ser una estupenda oportunidad para poner en práctica algunos de los consejos de la psicología humanista[21] en materia de comunicación: interés genuino y aceptación incondicional y sin juicios de sus ideas, emociones y sentimientos; escucha y empatía para ponernos en su lugar y ver el mundo desde su punto de vista; y, por último, autenticidad y tolerancia para compartir nuestros sentimientos e ideas, nuestras creencias religiosas y culturales, sin imponerlos ni comportarnos como si estuviéramos en posesión de la verdad absoluta.

Como en muchos otros temas, los niños poseen un conocimiento intuitivo que no deberíamos despreciar y que puede ayudar a enriquecer nuestra visión. Por ejemplo, suelen ser más concretos y estar más centrados en el presente, en lo que está sucediendo aquí y ahora.

Una amiga que perdió recientemente a algunos familiares en Barcelona comentó a su nieta de tres años que se iba de viaje a San Sebastián. «*¿Y en San Sebastián las personas se mueren, abuela?*», preguntó. Mi amiga le explicó que, en efecto, los seres humanos nacen, crecen y, tras haber disfrutado normalmente de una larga vida, mueren «*también en San Sebastián*». «*No abuela, no, en Barcelona, sí; pero en Madrid no mueren*», aseguró la nieta convencida.

Yo naceré de nuevo

Hasta que incorporan plenamente los conceptos de *identidad* y *permanencia*, **los niños entienden con relativa facilidad el movimiento y la transformación que supone la vida.** Y ven en la muerte un fenómeno natural, como en la conversación que mantuvieron Mercedes y su hija Laura.

Una tarde de otoño, Mercedes paseaba por el bosque con su hija Laura, de cinco años. Iban buscando setas cuando, de pronto, la niña se paró y la miró fijamente:

—Mamá, ¿qué es la vida? —preguntó como si tal cosa.

—Es difícil de explicar —respondió Mercedes—. Yo diría que es el tiempo que pasa entre el momento en que naces y el momento en que mueres.

—Y cuando mueres, ¿ya no estás más aquí?

—No, ya no estás.

—¿Como las hojas que se secan y caen de los árboles?

—Más o menos.

—Pero en primavera vuelven a salir.

—Laura, para nosotros no es así; cuando mueres, mueres para siempre.

—¿También tú morirás para siempre? ¿Y yo también?

—Sí, también nosotras, Laura.

—Pero eso no es posible, ¡no es justo!

—Tal vez no lo sea, pero es así.

—No, no es así. Cuando yo muera sí me secaré, pero naceré de nuevo. La vida no es eso que tú dices, mamá, es otra cosa...

Emociona la sinceridad y la sencillez con que las criaturas pueden abordar y aceptar esta realidad (especialmente cuando los adultos de su entorno actuamos con naturalidad y autenticidad) y, al mismo tiempo, la profundidad de su comprensión.

En una ocasión, en una escuela bosque, la educadora anunció el fallecimiento de un compañero. Tomy la escuchó atento y después simplemente comentó: «*Mi caracol murió la semana pasada y también me puse muy triste*».

Muchos adultos encontraríamos fuera de lugar una reflexión como esta, que compara al compañero muerto, un ser humano, con un caracol, y, sin embargo, contiene una profunda reflexión sobre la igualdad de todos los seres vivos frente a la muerte.

La expresión del dolor, la angustia y la tristeza que provoca la desaparición de un ser querido es un aspecto imprescindible de lo que llamamos *proceso de duelo*. La represión de estos sentimientos hace que, a algunas personas, les sea muy difícil superar este tipo de situaciones y volver a vivir una vida plena, a pesar de la pérdida.

La cultura occidental, que tanto contribuye a desarrollar la dimensión racional e intelectual del ser humano, tiene dificultades para permitir y aceptar la exteriorización de emociones, especialmente de aquellas que considera «negativas» (ira, dolor, tristeza...).

Por eso, cuando un niño llora, tendemos a decirle «*Ya pasó*», «*Hay que ser fuerte*» o a distraerle con cualquier otra cosa. Abandonar nuestros viejos hábitos educativos puede ser un auténtico desafío, pero la ayuda más eficaz y saludable que podemos ofrecer a un niño afligido es aprender a escucharlo con atención, respeto y confianza.

Alimentos para el alma

En su conocido libro *La muerte de la naturaleza*,[22] la ecofeminista Carolyn Merchant defiende que, hasta el Siglo de las Luces (XVII), la teoría dominante en los pueblos del mundo era, precisamente, la teoría de Gaia: que **nuestro planeta es una criatura viva**.

Según esta autora, no solo las culturas indígenas, sino prácticamente todas, compartían esta creencia. Incluso las más «desarrolladas» como la sumeria, la griega y la romana.

La Tierra se consideraba un ser femenino, madre de la vida. Al igual que millones de microorganismos que pueblan la piel humana, todos los seres vivos habitamos su piel: la biosfera.

Con la revolución científica (cuyas semillas ya había plantado la tradición judeocristiana con su creencia en la superioridad del ser humano) apareció, por primera vez, la idea de que nuestro planeta es, en realidad, una especie de objeto inerte, una enorme máquina.

Este proceso de «desacralización» de la Tierra permitió el desarrollo de la industria y la tecnología. Con ellas, hemos demostrado nuestra capacidad para modificar el medio físico, confirmando la «superioridad» de nuestra especie.

Pero la desacralización de la naturaleza tuvo también un impacto en la naturaleza humana: contribuyó a separar la dimensión espiritual del resto de nuestra existencia, que pasa a guiarse, casi exclusivamente, por una visión materialista y utilitarista del mundo.[23]

Esta es una de las principales diferencias entre las sociedades «avanzadas» y las culturas indígenas, que integran la espiritualidad en todos los actos de la vida cotidiana. La naturaleza es para ellas un templo, un lugar sagrado.

Esta dimensión de lo sagrado-natural está profundamente conectada con el ecologismo. Sociólogos y antropólogos encuentran una relación directa entre la ausencia de sacralidad en una sociedad y la destrucción de la naturaleza. La crisis medioambiental actual podría ser, en el fondo, una crisis espiritual.[24]

En tal caso, cabe preguntarse de qué formas nos afecta la negación o exclusión de este importante aspecto de nuestro ser y qué consecuencias tiene para nuestra relación con la biosfera.

Numerosos investigadores afirman que **los individuos creyentes o espirituales superan mejor los eventos traumáticos, las enfermedades, el estrés y, en general, experimentan más salud y bienestar que los no creyentes.**[25] Su sentido de conexión con el cosmos les otorga estabilidad emocional.

De hecho, muchos trastornos psicológicos pueden equipararse

a «dolencias del espíritu» (la *psique* de *psicológico* significa «alma»), y hay quien afirma que, antes de enfermar en el plano físico, es nuestra parte emocional y energética la que sufre. Las medicinas psicosomáticas y holísticas parecen confirmarlo, como sucede con la indiscutible relación entre cáncer y estrés. Pero hablar del alma es un asunto complicado. Nadie sabe bien lo que es, y muchos sostienen que no existe.

Las personas progresistas valoran la racionalidad y tienden a desconfiar de los discursos «místicos». No ven con buenos ojos las ideas sobre la espiritualidad de la Tierra porque las consideran una regresión, una vuelta a una etapa mítica y oscura de nuestra historia, sin justicia ni transparencia en las relaciones humanas.

Por otro lado, muchas doctrinas se resisten a vincular medioambiente y espiritualidad. Sospechan que pudiera convertirse en una expresión de idolatría, de animismo o de bioigualitarismo contraria a la religión. En el libro del Génesis de la Biblia, por ejemplo, Dios claramente encarga al hombre la tarea de dominar la Tierra. Las religiones, especialmente las monoteístas, tienden con fuerza hacia el antropocentrismo.

Sin embargo, muchas cosas están cambiando. Cada vez somos más las que entendemos que la materia y la energía se encuentran fuertemente entrelazadas. Que el alma es la dimensión energética de los organismos, un principio vital sensible, invisible a los ojos, que anima a todos los seres vivos. Desde este punto de vista, la naturaleza es la principal manifestación de las fuerzas que nos sobrepasan y que podríamos considerar sagradas, sea cual sea el concepto que tengamos de lo divino.

Incluso en el ámbito científico muchos investigadores optan por reconocer el misterio de lo vivo, y se permiten asombrarse y aprender de la sabiduría ancestral del planeta.

La dimensión espiritual nos vincula a la Tierra y a todas las criaturas vivientes. Es la base de nuestra identificación con los fenómenos cósmicos. La fuente de un sentimiento de comunidad con el universo, que nos proporciona vitalidad, armonía, placer y alegría de vivir.

Incluso podemos sostener que «solo» somos materia, pero, como diría el propio Albert Einstein, «materia chispeante».

Del asombro a la unidad

Una de las cualidades espirituales humanas más importantes es la capacidad de maravillarnos. La sensación de maravilla no solo se ve estimulada por grandes acontecimientos. Las cosas más insignificantes, las más pequeñas y cotidianas, son también asombrosas. El asombro es una emoción amorosa que despierta nuestra curiosidad, entusiasmo, sentido del misterio, imaginación y ensoñación.

Niños y adultos llevamos dentro un sentido innato para percibir lo extraordinario: **estamos «programados» para experimentar una profunda admiración por el mundo.**

Se dice que es precisamente nuestra alma la que se asombra, la que percibe la magia, el milagro de la vida. El mundo entero la llena de fascinación.

De la contemplación de un paisaje —con sus impresiones de belleza, armonía y perfección— a las leyes físicas que rigen los movimientos del planeta sobre sí mismo y alrededor del Sol, la cadena de procesos bioquímicos que se producen en la alimentación de una planta o animal (muchos de los cuales aún son desconocidos para la ciencia), o la forma en que el cuco consigue que otras especies incuben sus huevos y críen a sus retoños, todos los fenómenos de la naturaleza son extraordinarios. Si prestamos atención a aspectos más internos, que funcionan independientemente de nuestra voluntad, como la respiración o el latido cardiaco, volvemos a experimentar la sensación de que algo escapa completamente a nuestro control, y solo podemos agradecer y admirar la vida que se nos ha regalado.

Estados meditativos

Además de su belleza, los espacios naturales nos obsequian con estados de paz y tranquilidad interior, difíciles de conseguir por otros medios. Un simple paseo por el bosque o la playa puede devolvernos la serenidad, incluso cuando estamos muy enfadados, molestos o preocupados. Problemas que antes parecían insuperables se vuelven de pronto mucho más manejables, como si las cosas volvieran a ponerse, suavemente, en su sitio.

Aunque nuestra cultura valora especialmente los logros científicos y técnicos, para muchas tradiciones antiguas ninguna obra humana puede sobrepasar en esplendor y hermosura a la naturaleza. Los hinduistas, por ejemplo, prefieren el encanto de una cueva o de las piedras de un río a los más soberbios templos y esculturas que los hombres puedan producir.

La naturaleza nos hace viajar «más allá» del tiempo y del espacio convencionales, nos invita a detener el pensamiento, a poner la mente en blanco y a meditar, algo que muchas tradiciones consideran la única forma de unirse con la divinidad, dentro y fuera de nosotras.

Los bosques o los desiertos son considerados «lugares de iniciación», donde desaparecen los límites entre nuestro ser y el resto de las criaturas. A través de ellos recuperamos un profundo sentido de nuestra pertenencia a la Tierra, de la amplitud del mundo y del lugar que ocupamos en él: «*Cuando paseo junto al mar, por ejemplo, me doy cuenta de que soy solo una diminuta parte de la naturaleza, que las olas seguirán pasando incluso cuando ya no esté aquí*», me cuenta la educadora escocesa Claire Warden.

Según esta autora, el sentimiento de pequeñez frente a la inmensidad del espacio y las inolvidables experiencias de fusión con el entorno nos ayudan a reconocernos como una parte del todo sin la que el universo no estaría completo. Son un proceso de integración. La confirmación del sentido de nuestra existencia, que nos aporta relajación y aceptación interior.

Cuando compartimos este tipo de vivencias, las diferencias culturales, sociales y políticas se derrumban. **La naturaleza nos devuelve a nuestros orígenes, cura la herida de soledad y aislamiento de nuestra individualidad.** Nos libera de la continua necesidad de discriminar y dividir. Nos recuerda que todo está interconectado, que «somos uno» hasta un punto y con una complejidad que posiblemente nunca lleguemos a comprender del todo.

La vida secreta de los niños

Tradicionalmente, se pensaba que niños y niñas no tenían una vida espiritual propiamente dicha, porque, hasta la adolescencia, el cerebro infantil no está lo suficientemente maduro para procesar conceptos abstractos como *dios*, *alma* o *muerte*. Por este motivo, se realizaron pocos estudios sobre el tema.

Solo dos investigadores estadounidenses, el psiquiatra infantil Robert Coles[26] y el psicólogo Edward Hoffman se han interesado seriamente por la cuestión.

Coles descubrió que incluso las criaturas más pequeñas experimentan lo que Freud llamó «regresiones místicas a la experiencia oceánica del útero». Hoffman, por su parte, entrevistó a una amplia muestra de niños y adultos[27] que describieron con detalle vivencias infantiles espontáneas llenas de sentido, belleza e inspiración. Algunas de ellas podrían calificarse de «místicas», y todas eran independientes de la religión que practicaban sus padres. Según este autor, **la mayoría de las personas tenemos una vida espiritual interior que aparece de forma natural en las primeras etapas de la vida.**

Precisamente cuando empiezan a tomar conciencia de ser individuos, diferentes y separados de su entorno, niños y niñas sienten la necesidad de dar un sentido a sus vidas, de vincularse al mundo que los rodea.

Esto sucede especialmente entre los dos y los siete años, coincidiendo con la etapa que Piaget ha denominado del *pensamiento mágico*,[28] una concepción del mundo caracterizada por no separar rotundamente *sujeto* y *objeto*.

Desde este punto de vista, todas las cosas están animadas, dotadas de sentimientos, voluntad y deseos. Existen muchas analogías entre este tipo de representación infantil del mundo y el animismo de los «pueblos primitivos». En su estudio, Hoffman también encontró que la mayoría de las vivencias trascendentes que referían los sujetos tuvieron lugar en entornos naturales. Por eso, la primera de las cinco formas de apoyar la espiritualidad de los niños que presenta en su libro es exponerlos activamente a la naturaleza desde sus primeros años.

Estas vivencias pueden tener un efecto profundo en su forma de ser y de estar en el mundo. Afianzan el sentimiento de que no estamos solos, de que existen otras realidades y dimensiones más allá de lo meramente individual. Ayudan a comprender que todo en la vida se encuentra interconectado y a desarrollar su disposición innata al respeto, a la empatía, a la compasión y al amor por todo lo que los rodea.

Personalmente, recuerdo algunos momentos de mi infancia en los que claramente viví este tipo de sensaciones, muchas de ellas estando en el campo. Solía hacer senderismo con mi familia, y me gustaba subir a la cima de las colinas donde las magníficas vistas y el fuerte viento que golpeaba mi piel me hacían sentir una impresión de libertad e infinitud que todavía hoy me resulta difícil expresar con palabras.

Apoyar su desarrollo espiritual

El contacto regular con la madre Tierra ayuda a la infancia a conectarse con su alma, proporciona salud y evita desórdenes físicos y psíquicos. La naturaleza potencia su capacidad de maravillarse, de ensimismarse con las cosas sencillas: una semilla que germina, la luz de la luna o las formas de las nubes.

Es esencial que no los empujemos a una hiperactividad desbocada. Ofrecerles espacios de calma, tiempos tranquilos para escuchar el silencio, a los pájaros o el sonido del aire entre los árboles. Andar descalzos, siempre que sea posible, les permite recuperar la conexión con sus raíces, con la tierra y su campo electromagnético. Así sueltan tensiones, se equilibran y recargan energía.

Los rituales son momentos fuera del «tiempo ordinario». Hacen, como le dice el Zorro al Principito en la preciosa obra de Saint-Exupéry, «*que un día sea distinto de otros días, una hora de otras horas*». **Los rituales son patrones de reconexión**, caminos para volver a vincularnos con el todo.

Junto al ritual del baño, o al del cuento, incorporemos a nuestra vida cotidiana pequeños momentos para celebrar nuestra pertenencia a la naturaleza y sus continuos cambios.

Por ejemplo, podemos levantar un sencillo altar que va cambiando con las estaciones, con los cuatro elementos representados mediante objetos sencillos que los simbolizan: agua, piedras, plumas, conchas, flores, frutos, plantas, dibujos, figuras, velas...

O elegir un momento para decir «buenos días» al Sol y a la Tierra. O para darles las buenas noches. Celebrar una pequeña fiesta para dar la bienvenida a las primeras lluvias, o una hoguera para acoger el frío, o festejar el solsticio. Son ocasiones para cultivar la imaginación y la creatividad, contando historias, pintando, cantando, danzando, tocando un instrumento, escribiendo...

Los rituales son también caminos hacia el interior que permiten cultivar la conciencia de los acontecimientos, expresarse y dar las gracias. Por ejemplo, agradecer al final del día las cosas «bonitas» o «interesantes» que nos han sucedido.

Dedicar un tiempo cada jornada a estar juntas, a escuchar(nos), también en silencio, a compartir los sueños, las vivencias sencillas y las extraordinarias.

Algunas familias suelen dedicar un momento antes de comer para agradecer los alimentos a la tierra, a las plantas, al agricultor que las ha cuidado... Y es un hecho que la comida, que para los hinduistas «es Dios», se ingiere con más conciencia, y sabe y sienta mejor cuando se ha bendecido.

Ecología humana

Howard Gardner, psicólogo y profesor de la prestigiosa Universidad de Harvard, en Estados Unidos, desarrolló hace años su teoría de las inteligencias múltiples.[29]

Con ella, atrae nuestra atención sobre el hecho de que **no existe una forma de inteligencia única, sino una diversidad de inteligencias que expresan las singularidades y potencialidades de cada individuo.**

A los siete tipos inicialmente descritos —lingüística, lógico-matemática, visual y espacial, corporal y cinestésica, musical, interpersonal e intrapersonal (capacidad de conocerse a sí mismo)—, Gardner añadió más tarde una octava, la inteligencia naturalista, que define como «la facilidad para comunicarse con la naturaleza». También la entiende como la capacidad de percibir las relaciones que existen entre varias especies o grupos, así como de reconocer y establecer semejanzas y distinciones entre ellos.

Aunque esta inteligencia se pone de manifiesto en muchas áreas de las ciencias naturales, Gardner la encuentra también en actividades artísticas, saberes vinculados a la salud (herboristería o dietética) y los cuidados (como la cocina o la jardinería) o en prácticas religiosas y chamánicas ligadas a la naturaleza.

¿Cómo se desarrolla este tipo de inteligencia?

Un estudio realizado por la Universidad Cornell de Nueva York,[30] basado en entrevistas y análisis de la biografía de ecologistas y naturalistas, encontró que la preocupación adulta por el medioambiente, así como una conducta positiva, derivan directamente de la participación en actividades en la naturaleza, como el juego autónomo al aire libre, pescar, escalar... Especialmente, cuando tienen lugar antes de los once años.

El contacto directo y cotidiano con el mundo natural es la base fundamental para que se desarrolle la inteligencia ambiental. Se trata de **poner en el centro del aprendizaje la relación entre la criatura y el entorno, en lugar de la mera información sobre el mismo**.

Si queremos cultivar el amor por la naturaleza, que las criaturas tienen de manera innata, lo más efectivo es una combinación de muchas horas pasadas al aire libre y un adulto tutor empático, lleno de amor por lo vivo, que comparta su alegría, capaz de contagiar (y de dejarse contagiar por) un verdadero entusiasmo, el asombro y la curiosidad que produce el misterio de la vida. Todo ello, acompañado de una crianza y una educación respetuosas con la naturaleza «animal» del ser humano, con sus necesidades e instintos: un concepto de *respeto* que incluye un nacimiento lo más natural posible y sin violencia, una lactancia materna amorosa, el acompañamiento armonioso del desarrollo psicomotor, la escucha atenta de emociones y sentimientos, el reconocimiento del derecho a expresarse, participar y decidir en los asuntos que los afectan...

Enseñar a niñas y niños el respeto a la Tierra funcionará si los respetamos —porque ellas y ellos también son naturaleza— y predicamos con el ejemplo.

El contacto con la naturaleza es un elemento esencial para la transformación educativa y la (re)generación de culturas biocéntricas.

Pero la educación familiar y escolar por sí solas no son suficientes, porque todo educa, no solo aquello que decimos y hacemos quienes nos dedicamos a ella. Educan los amigos, los vecinos, la familia extensa, los medios de comunicación, internet y las redes sociales; educan los profesionales, las empresas, las administraciones, y yo diría que, sobre todo, educan los Gobiernos.

Los derechos de lo vivo

Necesitamos con urgencia salir del antropocentrismo. No es justo ni razonable aplazar la tarea de reconocer y respetar lo vivo para la siguiente generación. Es preciso transformar toda la sociedad, empezando por la legislación y la política. Afortunadamente, ya está sucediendo.

En la línea de la teoría de Gaia y de una visión biocéntrica del mundo, **muchos países empiezan a reconocer los ecosistemas y los seres de la naturaleza como sujetos de derecho.**

La Constitución de la República de Ecuador fue pionera en proclamar los derechos de la Tierra (2008). Desde entonces, más de treinta y cinco países de todo el mundo han reconocido los derechos de la naturaleza. Las normativas que atribuyen entidad jurídica a montañas, ríos, bosques, mares y lagunas se han multiplicado en varios ámbitos de las normas jurídicas: constituciones, leyes, sentencias judiciales, ordenanzas municipales...

Tras el inmenso desastre ambiental que supuso la asfixia del mar Menor en la región de Murcia, el Gobierno de España (2022) reconoció la personalidad jurídica de este precioso ecosistema. Reconoció su derecho a existir, a evolucionar naturalmente, a ser protegido, conservado y restaurado, y a que sus intereses sean defendidos por sus representantes, ante los tribunales competentes.

Año tras año, cientos de acuerdos continúan reafirmando, en todo el mundo, la necesidad de cambiar nuestra mirada.[31] De volver a percibir nuestro entorno como un lugar lleno de vida: inteligente, sensible, espiritual, vibrante...

Un espacio al que pertenecemos y con el que podemos relacionarnos desde el amor, el cuidado y el respeto.

Queda mucho por recorrer. Pero estamos en el camino.

Descubrir y explorar el entorno natural

Hemos visto cómo la naturaleza es un excelente antídoto para el estrés de toda la familia. Parques, huertos y jardines cercanos son verdaderos oasis a los que cada día podemos acudir para reconectar con la tierra, el aire, el agua, los árboles... Es un contacto que nutre, relaja nuestro sistema nervioso, nos aporta bienestar y, a largo plazo, contribuye a hacer nuestras vidas más plenas.

Aunque el contacto cotidiano es fundamental, las salidas al campo son oportunidades de ocio y diversión que podemos considerar una inversión en nuestra salud y en la de nuestros hijos e hijas.

Afortunadamente, la mayor parte de nuestras ciudades disfrutan de entornos naturales a distancias relativamente cortas. Puede ser el mar, la montaña, el bosque, una dehesa, campos y valles, e incluso un desierto. Cualquier espacio salvaje es válido para recuperar el contacto.

En España, el patrimonio natural es rico y variado, tanto en paisajes, hábitats y climas, como en diversidad de especies animales y vegetales. Gozamos de la tasa más alta de biodiversidad de la Unión Europea en lo que se refiere a aves, mamíferos y reptiles, aunque desafortunadamente también somos uno de los países con mayor número de especies amenazadas.[1]

¿Nos beneficiamos los ciudadanos de esta riqueza común? Parece que las cosas están cambiando.

Según el barómetro del Centro de Investigaciones Sociológicas (CIS), en el año 2015, la actividad de ocio favorita de los españoles era «salir a dar un paseo» (71,8 %). «Salir al campo e ir de excursión» era la preferida para el 35,2 %, muy por delante de «ir a bares y discotecas», pero muy por debajo todavía de «ver la televisión» (actividad que se ha reducido en casi un 10 % en diez años y que ahora está en el 68,9 %).[2]

La crisis sanitaria de la covid-19 trajo consigo un considerable incremento de las actividades al aire libre en términos generales. La práctica del deporte, por ejemplo, aumentó del 45,9 al 47,1 % según las encuestas. Pero, una vez pasada, volvemos a una frecuencia incluso inferior a la de fechas anteriores (45,3 %).[3]

Estoy segura de que este libro ha contribuido, y continuará haciéndolo, a mejorar estas estadísticas, aunque solo sea en el ámbito familiar y de la infancia.

Una característica de los países del sur de Europa, contrariamente a los del norte (que tienen un clima más riguroso), es que solemos esperar el buen tiempo para decidirnos a salir al campo. Y es que los «sureños» tememos al frío y la lluvia casi tanto como a los virus. Sin embargo, disfrutar de la naturaleza en las distintas estaciones y climas es una experiencia saludable y muy educativa para niños y adultos.

Escuchar el sonido de la lluvia en el campo, por ejemplo, prestando atención a las sensaciones y emociones que nos produce (el olor a tierra mojada, la humedad en la piel y la esponjosidad del suelo) puede ser una vivencia deliciosa.

Un naturalista inglés solía decir que, en realidad, no hay mal tiempo que nos obligue a permanecer en casa, solo ropa inapropiada y malos equipamientos. Yo añadiría, también, creencias negativas e ideas erróneas sobre los «peligros» del aire libre.

Hoy en día existen numerosas tiendas especializadas en ropa y material *outdoor* que nos permiten acercarnos a la naturaleza sin temor a enfermar.

Conocer el entorno natural de nuestra provincia y comunidad es fundamental para organizar salidas frecuentes y diversas. Por su parte, viajar de vez en cuando a algún sitio totalmente nuevo puede ser un aliciente para grandes y pequeños.

Si dejamos que los niños participen en la búsqueda de información y las decisiones sobre qué posibles espacios visitar, el tipo de estancia y su duración, la preparación del viaje puede ser divertida y muy instructiva para todos.

Una vez en el lugar de destino, también pueden participar en la elección de las rutas: qué camino seguir, a qué ritmo y en qué actividades participar. No hay nada más alegre e inspirador que verlos descubrir el mundo que los rodea. Con su inocencia y apertura, pueden hacernos percibir muchas cosas de un modo totalmente nuevo.

Ya sea recogiendo hojas caídas, dejándose rodar por un prado en pendiente o jugando con las olas en la playa, ser testigo de su entusiasmo y disfrute es un precioso regalo.

Ir de acampada en familia puede ser una formidable aventura. Dormir bajo las estrellas, sobre la tierra, separados del resto de los seres vivos tan solo por un fino pedazo de tela (o incluso nada si os apetece hacer vivac) es la mejor manera de volver a conectar con la naturaleza.

Además, no es necesario un equipamiento excesivo, y se puede contar con las cosas que ofrece el propio lugar donde plantamos nuestra tienda: palos, piedras, hojas... pueden tener un sinfín de utilidades.

A la hora de desplazarnos, es importante encontrar formas naturales de estar en la naturaleza, en lugar de llevarnos la ciudad (y sus múltiples contaminantes) a cuestas: que la hoja se convierta en tu plato; el palito, en un tenedor...

Olvidarse por unos días de las exigencias de la vida civilizada y de su obsesión por el «orden» o la «limpieza» puede ser una experiencia liberadora para la toda la familia.

La naturaleza desnuda

En nuestra sociedad de mercado, incluso los parajes campestres se han convertido en bienes de consumo.

Muchos espacios y reservas naturales se parecen cada día más a los parques temáticos y de atracciones: son seguros y accesibles, ofrecen visitas guiadas, múltiples actividades y deportes organizados con costosos equipamientos. Pero están perdiendo gran parte del encanto, el misterio y la belleza de la vida salvaje, y también del riesgo que supone estar al aire libre en un entorno no domesticado.

Nuestra forma de relacionarnos con esos lugares, igualmente, ha cambiado. **Atribuimos tanto valor a estar activos y productivos que nos esforzamos por serlo también en el tiempo de ocio.**

Recuerdo una familia con dos hijos para la que los fines de semana eran casi idénticos a los días laborables. Corrían de una actividad organizada a otra, de un compromiso social o familiar al siguiente, e incluso las salidas al campo resultaban terriblemente estresantes: cargaban el coche con todo tipo de artículos, muchos de ellos superfluos, como comida en bolsas, bebidas en tetrabrik, juguetes, neveras, muebles y numerosos *gadgets* que les hacían sentirse «como en casa». Estaban tan preocupados por «llevarlo todo» que el olvido de algún objeto se convertía en un auténtico drama.

Salir al aire libre «sin hacer nada», simplemente a pasear, a contemplar el paisaje o dar patadas a una pelota, está pasado de moda, y hasta se considera una terrible pérdida de tiempo. Hay que ir equipadas con los últimos avances en seguridad (que, a menudo, contribuyen a reforzar nuestra separación del mundo natural) y practicar algún deporte o actividad, mejor si requiere un costoso equipamiento y tiene un nombre en inglés: *paintball, rafting, rappel, hidrospeed, bungee jumping, trekking, windsurf, paragliding, hang gliding, quads...* De esta forma, es muy probable que perdamos el efecto calmante de los espacios verdes, que nos permite relajar las tensiones y recargarnos de energía.

He conocido a adolescentes que regresaban con tics nerviosos de sus campamentos de verano, debido al exceso de actividades y a una organización horaria sin ningún hueco para, simplemente, conversar y no hacer nada.

«Los niños de hoy —me explicaba Claire Warden durante una conversación informal— *necesitan vivir la naturaleza de una forma distinta a la típica del parque de atracciones; vivirla sin adrenalina».*

Salir al aire libre es una vivencia que requiere tiempo libre, no organizado, lento. Tiempo para contemplar y para soñar, para sentir y para «perder» el tiempo. Para estar en silencio y no hacer nada.

La hiperactividad y la obsesión con los resultados rápidos destruyen la ensoñación y la creatividad que, como comentamos, nacen muchas veces de lo que denominamos *aburrimiento.*

Frente a las maravillas de la naturaleza —un cisne que pasa, el descubrimiento de un nido, una puesta de sol...—, niños y adultos nos quedamos mudos. Pasivos, receptivos y ensimismados, nuestro cerebro continúa trabajando, procesando la experiencia: refleja, elabora, asimila, descarta y almacena la información pertinente, generalmente de forma inconsciente, sin que nos demos cuenta. Además, nuestro ser puede verse afectado de un modo muy profundo, más allá de las palabras.

Aunque algunas personas no sepan apreciarlo, **el silencio puede ser una excelente herramienta educativa**, no es necesario romperlo con continuas explicaciones y preguntas que intentan enseñar o evaluar conocimientos.

Muchas vivencias subjetivas son totalmente personales, incluso incomunicables, pero eso no les resta valor alguno, más bien al contrario: son experiencias fundadoras que fortalecen la identidad, el sentido del yo. Y antes de poder compartirlas, necesitamos tiempo para sentirlas, recibirlas y elaborarlas.

Si los niños hacen preguntas, y es frecuente que la naturaleza despierte su curiosidad, basta con ofrecerles respuestas sencillas y, si es el caso, confesarles que no sabemos, pero estamos dispuestos a aprender, a investigar con ellos, utilizando todos los recursos que estén a nuestro alcance.

Aunque a muchas personas adultas nos cuesta admitir nuestra ignorancia, y a los pequeños aceptar que «un mayor no lo sepa todo», en general, **los niños aprecian más la sinceridad que la sabiduría**. El mejor modelo que podemos brindar a nuestros hijos es nuestra autenticidad, nuestra capacidad de ser nosotras mismas.

Abrir la puerta a una relación más sana con el medioambiente para toda la familia significa aprender a observar y apreciar el sencillo placer de mancharse las manos y mojarse los pies, sin demasiado equipamiento exótico. De ir más despacio prestando atención a los sentidos, disfrutando del silencio y del «vacío» de cada momento. De permitirnos conectar con nuestra «animalidad», con nuestro lado «salvaje» en su sentido más noble, para correr, saltar, gruñir y retozar como hacen los niños.

Vivida con sencillez, la naturaleza ofrece abundantes oportunidades de interacción (y, por lo tanto, de creación) entre las características físicas del entorno y los intereses e ideas de cada individuo a precios económicos. Además, nos brinda un espacio de relajación, reflexión e introspección, cuyos beneficios permanecerán en nuestros hijos durante toda su vida.

¿Son los niños peligrosos para la Tierra?

Algunas personas creen que un niño puede dañar seriamente un árbol al subirse a él, o una planta por cortar unos cuantos tallos. Piensan que construir una cabaña en el bosque es una actividad tan destructiva como ir en *quad* por el monte o las dunas. A este tipo de comentarios, un amigo solía responder que cuando desbrozaba su finca siempre pensaba en todos los tallos que cortaba, las plantas que aplastaba y los animalitos que desplazaba: una capacidad de destrucción muy superior a la que puedan desplegar unos cuantos niños con sus manitas.

Algo similar sucede con la práctica de la pesca, que tiene fervientes detractores. Personalmente, debo confesar que he llegado a aceptarla porque puede practicarse sin muerte, y en las épocas y condiciones apropiadas. También he observado sus efectos sobre los pequeños y el disfrute que les aporta. Algunas familias aprovechan esta actividad para educar a sus hijos e hijas, de forma práctica, en cuestiones éticas sobre la conservación del medioambiente, nuestras relaciones con los animales, la vida y la muerte.

En cambio, aunque lo he intentado, no consigo tolerar la caza. Sé que practicada dentro de unas normas no es necesariamente perjudicial para el equilibrio ecológico, e incluso puede ser beneficiosa.

Pero la visión de un animal que vive en libertad acorralado y muerto «por deporte» me resulta insoportable. Creo sinceramente que, en estos temas, no hay una regla general, y cada cual debe actuar según sus principios y valores. **Si nuestras convicciones son sólidas, coherentes y sinceras, los niños dispondrán de un precioso modelo que les servirá toda su vida.** Podrán enfrentarse a él, asumirlo de manera crítica o incorporarlo sin más, pero siempre tendrán una referencia sobre la que apoyarse para construir su propio criterio.

En ocasiones, todos hemos visto actos insólitos, repentinos y espontáneos, de maltrato hacia animales y plantas. Según mi criterio, es muy probable que esas criaturas estén expresando una violencia de la que ellas mismas, de una u otra forma, están siendo víctimas (física o psicológica).

Los menores que presentan este tipo de comportamientos suelen tener baja autoestima (se sienten inferiores o criticados), y sufrir algún tipo de rechazo o de abuso (que puede ser físico, verbal o emocional) por parte de los adultos de su entorno. En este caso, lo más importante es identificar el sufrimiento del pequeño o pequeña, y actuar en el sistema familiar o escolar para eliminar la violencia.

Nuestra responsabilidad como madres y padres es educar a nuestros hijos en el respeto a la vida, principalmente a través del ejemplo. Pero, desde mi punto de vista, este aprendizaje no se adquiere de golpe. Requiere un proceso que puede pasar, en algunos casos, por la experiencia de la destrucción, de romper algunas ramas, jugando a ser Tarzán, por ejemplo. Vivimos en una cultura llena de contradicciones: por un lado, arruinamos masivamente el entorno y, por otro, impedimos que los niños entren en contacto con él, con la excusa de protegerlo.

Cierto «ecologismo» tiende a idealizar la naturaleza, convierte su cuidado en una actividad meramente intelectual y mantiene apartados a niños y niñas de ella. Estas ideas constituyen el reverso de la medalla de lo que hemos denominado *biofobia*: o la naturaleza es un lugar lleno de peligros para nuestros hijos e hijas, o ellos y ellas pueden herirla y maltratarla.

Como venimos apuntando a lo largo de esta obra, impedirles el acceso, suprimir la experiencia directa con cualquier excusa, es a la larga más nocivo para el medioambiente que los pequeños destrozos que puedan causar, si llega el caso.

Muchos biólogos y naturalistas que han dedicado toda su vida a la defensa de la naturaleza confiesan haber sido grandes «matadores de pájaros» en su infancia. Y reflexionan, con acierto, que quizá precisamente por eso han llegado a ser incansables paladines de la ecología y la vida salvaje.

No creo que sea por arrepentimiento, sino por amor. Como hemos visto a lo largo de las páginas de este libro, **nuestro vínculo**

afectivo con la Tierra se nutre del contacto, y se pierde cuando no lo practicamos. Igual que con cualquier ser humano. En la distancia, el amor tiende a enfriarse...

Hace casi cien años, el conocido psicólogo infantil Jean Piaget[4] señalaba que el desarrollo moral en la infancia no puede imponerse desde fuera, y que pasa, necesariamente, por el aprendizaje de la libertad y la autonomía, es decir, por la posibilidad de experimentar y, por supuesto, de equivocarse. **El error es imprescindible para el aprendizaje.**

Por eso, todo niño, toda niña y todo joven tienen derecho a pasar el tiempo que necesiten al aire libre, en contacto con la naturaleza.

La iniciativa Ningún Niño Encerrado,[5] promovida en Estados Unidos por el propio Richard Louv, ha elaborado una *Carta de los derechos de la infancia al aire libre* que constituye una excelente guía para no olvidarse de todas las cosas que muchos hicimos en nuestra infancia y a las que tienen derecho los infantes de hoy simplemente por existir.

Según la *Carta*, todo niño debería tener la oportunidad de...

- visitar y descubrir lugares salvajes, como praderas, dunas, selvas, sabanas y pantanos;
- acampar bajo las estrellas;
- seguir un rastro;
- atrapar y soltar peces, ranas e insectos;
- subir a un árbol;
- explorar la naturaleza de su barrio y de su ciudad;
- celebrar nuestra herencia natural;
- plantar árboles y flores;
- jugar en el barro o en un arroyo;
- aprender a nadar.

Bosques, pueblos y cuentos

Desde hace varios siglos, nuestro país ha ido perdiendo progresivamente la riqueza de su floresta. Se dice que, antes de la conquista de América, una ardilla podía atravesar la península ibérica de punta a punta sin tener que bajar al suelo. Pero a las talas masivas para crear campos de cultivo les siguieron la industria, el negocio de la construcción, el turismo y, últimamente, los incendios.

Aunque en conjunto las masas forestales han crecido, muchas de ellas están poco cuidadas debido, entre otras cosas, al despoblamiento rural.

Los bosques españoles ocupan actualmente unos 13 millones de hectáreas, tan solo el 26 % de todo el territorio nacional. Además, la mitad de esta superficie forestal está desarbolada, y la calidad biológica de la otra mitad se ve amenazada por la acción humana. Para cambiar esta situación, habría que restaurar más de 2,5 millones de hectáreas, con una inversión total de 4.000 millones de euros.

A escala planetaria, los bosques cubren más del 30 % de la superficie terrestre, y contienen cerca del 90 % de la biodiversidad, pero el ritmo de la deforestación es frenético: unos 13 millones de hectáreas anuales.

Y, sin embargo, los bosques son de una importancia vital para la vida en la Tierra. El aire que respiramos, los alimentos, el agua, el equilibrio ecológico, el clima y muchas otras cosas dependen de ellos: son los responsables de la transformación del carbono en oxígeno, de la protección del suelo y de la captación del agua dulce. Además, su fuerza y su misterio han contribuido no solo al crecimiento vital y material de los pueblos, sino también a su desarrollo cultural.

Prácticamente todas las culturas y tradiciones antiguas han profesado culto a los árboles, al menos mientras dependían de ellos de forma directa. Los hinduistas creen que los árboles son las columnas de la Tierra y que, si los tiramos, se nos caerá el cielo encima.

Durante milenios, su papel fue fundamental en la tradición espiritual europea y universal, y puede decirse que los bosques sagrados han estado en el origen de la cultura, la poesía, la espiritualidad y la mitología del género humano.

Para los celtas, la palabra *bosque* era sinónimo de *templo* o *santuario*, y los druidas eran una mezcla de magos, curanderos y sacerdotes que extraían sus conocimientos de la Tierra. Creían que cada árbol poseía un espíritu sabio, y que sus rostros podían verse en la corteza de los troncos, y sus voces, escucharse en el sonido de las hojas moviéndose con el viento. Esta visión animista de la naturaleza está también en el origen de las culturas griega y romana[6] y de muchos otros pueblos.

La Antigüedad clásica, por ejemplo, rendía culto a los árboles. Consideraban que las aguas de las fuentes, los arroyos y los lagos estaban habitadas por espíritus, y los ríos eran dioses con voluntad propia.

Un vestigio del importante papel que los árboles han desempeñado desde la Antigüedad es, por ejemplo, que los árboles han presidido siempre los lugares de reunión y celebración en las plazas de los pueblos.

Todo giraba a su alrededor: las fiestas, los juicios, las asambleas de vecinos, los pactos y todo tipo de rituales religiosos y paganos. Incluso se sepultaba a los muertos a sus pies, para que alimentaran sus raíces milenarias. También eran (y en algunos casos continúan siendo) objeto de tradiciones, cuentos y leyendas que nos sumergen en los orígenes de la vida y nos permiten renovar nuestro vínculo con la madre Tierra.[7]

Una costumbre muy extendida en las sociedades tradicionales más conectadas con la naturaleza es la de enterrar la placenta de un recién nacido en la base de un árbol al que se denomina *árbol de nacimiento*. La planta crecerá hermanada con el niño o la niña, y le servirá de referencia a lo largo de toda su vida. Será su punto de encuentro con la tierra, su «raíz», y un recuerdo para sus descendientes: la memoria de esa persona continuará viva mientras su árbol siga en pie.

Hoy, **los árboles representan la posibilidad de un futuro digno, hermoso, vivo y deseable**. Por eso es indispensable recuperar físicamente los bosques cuidando de ellos, plantando y participando en repoblaciones; pero también es importante restablecer esa relación simbólica y cultural, misteriosa y casi espiritual que nuestros antepasados tenían con ellos.

Dejar de verlos como simples objetos que podemos utilizar, «almacenes» de madera, depósitos de materia inerte, ni tan siquiera «utensilios» con los cuales conseguiremos frenar el cambio climático.

Necesitamos volver a caminar por los bosques con la mirada del científico, del poeta, del niño o del salvaje. Aprender a buscar y a perdernos, a investigar y a contemplar. Retomar esa sensación especial de riesgo y aventura, de encontrarnos rodeados por una vida que se agita, y sentirla en toda su intensidad.

Aprender a percibir la belleza, el misterio y la fuerza de una presencia aparentemente inmóvil que va más allá del tiempo. Creo que esta puede ser una de las claves: volver a sentir su presencia, acercarse a un árbol y notar el movimiento de la vida dentro y fuera de él, la energía que damos y recibimos...

Otro aspecto importante de la foresta es su dimensión simbólica, los cuentos, mitos y leyendas de los que es, a la vez, escenario y protagonista. En todos los rincones del planeta existen narraciones sobre los árboles, los bosques y sus habitantes,[8] que les confieren sentido y profundidad. Nos enseñan a vincularnos con ellos desde el respeto y el asombro. Recuperar estas viejas historias para nuestros hijos e hijas, crear con ellos y ellas otras nuevas, es una forma de acercarlos con amor a uno de los pilares fundamentales de la vida en el planeta.

La vida en el mundo rural

Los relatos de los ancianos de una tribu constituyen, precisamente, las primeras enseñanzas que reciben los retoños de los llamados «pueblos primitivos». A través de ellos van conociendo, por ejemplo, las costumbres de los animales de la selva que más tarde observarán, directamente, acompañando a sus padres en las expediciones de caza.

Esta forma concreta, jovial y sencilla de acercarse al mundo, llena de misterio y aventura, fue durante siglos (y continúa siendo) la principal forma de aprendizaje en las sociedades «salvajes».

Aunque nuestra planificada, programada y estructurada vida actual apenas deja tiempo a niños, niñas y jóvenes para disfrutar de sus propias peripecias, en lo más hondo de sus corazones y de sus genes continúan sintiendo esa llamada: la necesidad de conocer, experimentar y participar en el mundo que los rodea.

De la selva al pueblo, de la etapa de cazadores y recolectores a la de agricultores y ganaderos, de la vida nómada al sedentarismo, del Paleolítico al Neolítico, **la existencia de los seres humanos ha cambiado de forma radical, pero continúa estrechamente vinculada al medio**.

Al igual que el bosque, el mundo rural ofrece a nuestros críos y crías un marco maravilloso y excitante para explorar y fortalecer su conexión innata con los demás seres vivos. **La vida en el campo armoniza nuestro organismo con los ritmos y ciclos de la naturaleza**: la noche y el día, las fases de la luna, las estaciones.

Sentimos que todo vuelve, una y otra vez, y, con cada repetición, se renueva el ritual de nuestra pertenencia a la tierra: sembrar, recolectar, almacenar para el invierno, volver a sembrar..., con las correspondientes celebraciones y fiestas que confieren a estos sencillos actos una dimensión simbólica y social.

En un entorno rural es posible experimentar la completa oscuridad, contemplar la luz pálida y blanquecina de la luna derramándose sobre los paisajes, escuchar el canto del gallo o el silbido del viento, ver nacer un ternero o un cordero, ordeñar vacas u ovejas, dar de comer a un caballo o descubrir cómo la madre naturaleza nos alimenta con sus frutos.

Todas estas vivencias, en las que los pequeños pueden participar sin grandes problemas, contribuyen a desarrollar su sensibilidad, una memoria de olores, colores, sonidos y sensaciones que van construyendo una subjetividad propia, rica y profunda.

En los pueblos gozamos de más tranquilidad, menos contaminación y ruidos que en las ciudades; además, los niños disfrutan de una gran libertad: pueden jugar en la calle sin miedo al tráfico o a los «desconocidos»; desplazarse fácilmente por sí mismos, a pie o en bici, sin depender de los adultos; encontrarse con sus amigos y crear sus propios espacios de convivencia; y tejer una vida social amplia y variada con personas de todas las edades.

Si tenemos en cuenta la soledad y el aislamiento en que, por diferentes circunstancias, viven muchos niños de hoy, especialmente en las ciudades, su gran necesidad de espacios propios, autonomía y relación con sus iguales, podemos valorar el enorme beneficio que la vida campestre les proporciona, incluso en estancias cortas.

Instinto y empatía animal

Uno de los principales atractivos del campo es la posibilidad de observar y convivir con diferentes especies de animales.

Los niños se sienten profundamente atraídos por ellos desde que empiezan a tener conciencia: el vuelo de un pájaro, la lenta marcha de un insecto, la súbita aparición de un mamífero salvaje son acontecimientos inolvidables.

Según los expertos, los animales nos ayudan a entrar en contacto con nuestro instinto más puro, a conectar con nuestro centro, la parte intuitiva. Sienten nuestros estados de ánimo y reaccionan a ellos, lo que nos permite hacerlos más conscientes, y nos enseñan a comunicarnos de una forma más sutil y empática, más allá de las palabras.

Además, en sus relaciones suelen ser fieles y honestos, por lo que nos aportan seguridad; la interacción con caballos y otras clases de equinos, por ejemplo, nos impulsa a sobreponernos al miedo y desarrolla confianza, responsabilidad y afirmación personal, esenciales para los niños.

En general, parece que los animales contribuyen a desarrollar lo que Daniel Goleman[9] denomina *inteligencia emocional,* una inteligencia que determina el éxito en la vida mucho más que los resultados escolares. Según este autor, se compone de:

- **autoconciencia**: la capacidad de darnos cuenta de nuestras propias emociones y de las de los demás;
- **autogestión**: la habilidad para manejar nuestros sentimientos, ser honestos con nosotros mismos y con los demás, adaptables, transparentes y optimistas;
- **conciencia social**: especialmente, capacidad de empatía, definida como «sensibilidad a los sentimientos ajenos, comprensión del punto de vista del otro e interés en sus asuntos»;
- **liderazgo social**: consiste en la habilidad de coordinar los esfuerzos de un grupo de personas y ayudar a resolver los conflictos.

Junto con el amor incondicional, los animales ofrecen a los niños una pequeña muestra de la enorme diversidad de formas de ser y de vivir, de expresarse y desplazarse, de alimentarse, reproducirse y cuidar de las crías, de organizarse y relacionarse. Niños y niñas pueden incorporar así conocimientos científicos mediante experiencias directas, aprender a entender y, sobre todo, a respetar las diferencias.

ACTIVIDADES EDUCATIVAS PARA REALIZAR EN GRUPO

Construir cabañas

En el campo, al aire libre, en contacto con la inmensidad del espacio, los niños se deleitan construyendo pequeños refugios o cabañas, ya sea sobre los árboles o en la propia tierra. **El impulso de crear un lugar, un espacio íntimo y secreto, responde a necesidades y deseos psicológicos ancestrales relacionados con la supervivencia de nuestra especie.**

Aunque las cabañas —generalmente escondidas y de reducidas dimensiones— suelen estar vetadas a los adultos, podemos ayudarlos a fabricarlas siempre que nos lo pidan. Actuaremos como apoyo, bajo su dirección, dejando que los niños y niñas sean los auténticos arquitectos. Además de los materiales que encontraremos en la naturaleza —ramas, piedras, hojas, troncos y palos—, podemos utilizar otros de reciclaje que llevemos de casa: sábanas viejas, cajas de cartón, cuerdas...

Cuanto mayor es el niño, más complejas serán sus construcciones. No insistas en que las terminen si no lo desean. Este tipo de actividades pueden completarse con otras que realizarán también espontáneamente en los cursos de agua, donde les gusta construir puentes, molinos, diques, etcétera.

Criar renacuajos

Si viajáis cerca de algún río, arroyo, laguna o charca, especialmente en época de lluvias, es probable que encontréis renacuajos. A niños y niñas les encanta observar la magia de la transformación de estos animales. Todo lo que necesitáis es una red y un recipiente lleno de agua de charca o de lluvia. También puedes añadir algunas plantas y piedras para que puedan salir del agua y descansar en ellas cuando se desarrollen.

Además de pequeñas algas de agua dulce, los renacuajos se alimentan de lechuga cocida, comida para peces, gusanos y carne picada. Una vez completado su ciclo, dejad libres a las jóvenes ranas en el mismo estanque donde las habéis recogido.

Observar insectos y pequeños animales

Colocad una tabla plana de madera sobre la tierra en un parque cercano a vuestra casa o en el campo, y volved al cabo de un par de días. Podréis ver los diferentes animalitos que la utilizan como refugio, y si hacéis visitas regulares, podéis realizar anotaciones y hacer un seguimiento de esta pequeña fauna.

Los árboles o las ramas caídas suelen dar cobijo a numerosos animales: ciempiés, gusanos o escarabajos, que entusiasman especialmente a los más pequeños. Enséñales a tratarlos con respeto y a observarlos sin trastocar demasiado su hábitat. Si colocáis, por ejemplo, un poco de miel en el tronco de un árbol, acudirán hormigas y todo tipo de bichitos golosos.

Recoger setas

Aunque hay setas todo el año, el otoño y la primavera son las mejores épocas para salir en busca de estos preciados comestibles. De colores, formas, sabores y olores muy diferentes, la aventura de ir descubriéndolas entre la hojarasca constituye un reto para la vista y una alegría para todos los sentidos. Buscar setas es una forma estupenda de vivir y sentir el bosque, además de un placer culinario para grandes y pequeños.

Varios organismos medioambientales y sociedades micológicas ofrecen cursos impartidos por expertos para conocer las especies de tu región. Algunas son relativamente fáciles de identificar y difíciles de confundir con otras, por lo que resultan altamente seguras. Además de asesorarse siempre con un experto, es imprescindible tener en cuenta la legislación de la zona y las recomendaciones de las autoridades.

Explorar un río, nadar y navegar

Los cursos de agua son lugares formidables, siempre llenos de vida. Puedes explorarlos en canoa, kayak o cualquier otro tipo de embarcación, incluso si esta es hinchable. O, si lo prefieres, simplemente caminar a lo largo de la orilla. Asegúrate de que tus hijos han aprendido a nadar antes de lanzarte a la aventura. Los baños en aguas «salvajes» relajan y nos proporcionan más energía que los de piscina.

Ir de pesca

A la mayoría de los niños les encanta pescar y empiezan a interesarse por esta práctica intensamente a partir de los cuatro o cinco años. La pesca sin muerte es una actividad ecológica y relajante, además de representar un auténtico desafío. Al aire libre, en medio de la naturaleza, llueva o haga sol, nos permite ver y sentir la belleza del medio. Aunque es bastante social, y suele practicarse junto con otras personas, también se puede disfrutar en soledad, en una especie de meditación individual.

Hacer una caña puede ser muy sencillo: solo necesitamos una rama fuerte y flexible, hilo y un anzuelo. Los niños aprenden rápidamente y no suelen necesitar demasiadas explicaciones. Si vives cerca del mar, explorar las rocas puede ser una aventura apasionante. Algunos educadores han observado que pescar desarrolla la paciencia, la tenacidad y la capacidad para fijarse objetivos.

Arte en la naturaleza

No olvidéis llevar en vuestras salidas papel y colores para que, si les apetece, niños y niñas dibujen las plantas y los animales que vean. Muchos elementos naturales, como hojas, tierra, ramas y piedras, pueden servir para realizar hermosas obras de arte, *collages* y esculturas, para llevar o para dejar en el lugar donde se realizaron; así podréis observar sus cambios con el tiempo y la acción de los elementos. La corriente de arte contemporáneo denominada *land art* puede ser una fuente de inspiración, pero los pequeños hacen muchas veces este tipo de creaciones espontáneamente (y, con frecuencia, los propios artistas ¡copian sus trabajos!).

Fuegos y hogueras

Una hoguera en el campo es una actividad interesante y divertida en la que puede implicarse toda la familia y con múltiples usos: dar luz y calentarse, cocinar, contar cuentos o, simplemente, quedarse ensimismados contemplando la bella danza de las llamas. Antes de empezar, conviene informarse de la legislación antiincendios vigente en la zona, la comunidad o el país donde nos encontramos. También es útil determinar, con la participación de los niños y niñas, las tareas que asumirá cada cual según sus posibilidades y los límites necesarios (por ejemplo, no correr alrededor o no tirar cosas de plástico a las llamas). Un análisis de riesgos y beneficios puede ser útil para establecer algunas normas. Aunque muchos empiezan a intentarlo desde los dos años, a partir de los cuatro o cinco ya son capaces de encender el fuego, siempre bajo la presencia atenta de un adulto. Los más pequeños pueden recoger leña de su tamaño y ayudar a cortarla, y existen herramientas especiales para niños: sierras, martillos, etcétera, «como los de los mayores», que pueden utilizar «de verdad» sin grandes problemas. Mejor si se llevan guantes y se fijan algunos límites de seguridad.

Cocina natural

La ventaja de cocinar en el campo es que luego no hay que pasar la escoba ni fregar; basta con recoger todo lo que no sea compostable, enterrar los restos orgánicos y dejar el lugar tal y como lo encontramos. Además, el aire puro abre el apetito y fomenta la imaginación de niños y niñas. La comida casi siempre está «muy rica», pues una receta sencilla que les encanta y pueden hacer ellos mismos es elaborar pan artesanal. Esto consiste en hacer una masa con un poco de agua y harina, amasarla y después darle forma sobre un palo resistente, por ejemplo, uno de bambú. Cocinado lentamente al fuego de una hoguera (que debe hacerse en un lugar y momento del año adecuados), el resultado es exquisito. Las patatas y otros tipos de hortalizas, envueltas en papel de aluminio y horneadas en las brasas, también son deliciosas. Si sabes reconocerlas, puedes encontrar riquísimas plantas para hacer ensaladas con diente de león, cola de caballo, borraja o llantén. La mayoría de las flores son deliciosas y perfectamente comestibles.

Contar cuentos

Al amor de la lumbre, generalmente al atardecer, cuando los niños están cansados de correr, saltar y realizar todo tipo de ejercicios físicos, es el momento ideal para contar historias sobre animales, plantas y lugares salvajes que abren su apetito de aventura y fomentan su empatía hacia todo lo que está vivo. Desde las fábulas de Esopo a los cuentos de Andersen, nuestra cultura está plagada de hermosos relatos en los que la naturaleza es la protagonista. El entorno, lleno de magia y misterio, también es lo suficientemente inspirador para que creemos con ellos nuestras propias historias.

Bici en tribu

En muchos lugares existen recorridos y rutas ciclistas, especialmente acondicionadas y señalizadas, por las que puede circular fácilmente toda la familia. La mayoría de ellas atraviesan hermosos parajes con preciosas vistas, y han sido pensadas para disfrutar de los sonidos, los olores y los paisajes de la naturaleza a una velocidad razonable, hacer ejercicio y mantenerse en forma.

Una colección de hojas

Especialmente en otoño, podéis ir en busca del mayor número posible de flores y hojas diferentes de árboles, arbustos y plantas trepadoras. Después, podéis jugar a identificarlas o clasificarlas según categorías reales o inventadas (las más redondas, las más amarillas, las más suaves...). Para esta actividad no necesitáis ir muy lejos: un parque cercano a casa es suficiente.

Buscar refugios de animales

En invierno, para adaptarse a las duras condiciones climáticas y a la escasez de alimentos, muchos animales hibernan. La marmota, el lirón, el erizo o el murciélago están entre los más comunes que podemos encontrar en nuestros campos. Tratar de localizar sus refugios —por supuesto, con mucho respeto y cuidado— puede ser una actividad lúdica, imaginativa y didáctica para niños y niñas.

Observar los pájaros

Debido a la diversidad de sus suelos y del clima, España disfruta de una gran diversidad de especies, especialmente aves. La mayoría de ellas son autóctonas y permanecen aquí todo el año; otras, como las grullas, las golondrinas y las cigüeñas, migran en invierno hacia o desde nuestro país. Observar la forma en que se desplazan en épocas de migración, presenciar una concentración de grullas, flamencos o garzas en algún humedal de la península, o contemplar el majestuoso vuelo de buitres, águilas y halcones son hermosas experiencias que pueden dar lugar a interesantes conversaciones, juegos o dibujos sobre la vida de estos alados animales.

Encontrar nidos abandonados

En verano, otoño e invierno suelen aparecer todo tipo de nidos abandonados, tallados, «pegados» a los troncos o suspendidos en las ramas de los árboles. Si tenemos la suerte de encontrar uno caído en el suelo, puede ser interesante investigar con qué materiales está hecho, a qué tipo de ave pertenece, cómo se fabricó, si participaron macho y hembra en su elaboración, e imaginar la historia de lo que sucedió, quién lo habitó, cómo se alimentaban los polluelos, y cómo y cuándo lo abandonaron. Según la edad de los niños y las niñas, puede ser un simple ejercicio de imaginación o un auténtico trabajo de historia natural.

Recoger minerales o estudiar fósiles

En nuestro país existen numerosos yacimientos de fósiles y minerales que pueden visitarse. También hay muchos clubes de geología que organizan excursiones a antiguas minas, cuevas, e incluso a ríos donde aún se puede batear oro. Sin tener que llegar a ser un experto, es posible encontrar, en muchas zonas campestres, bonitas piedras e incluso restos de conchas y animales fosilizados que alimentan la curiosidad y la imaginación de críos y crías. Una visita a un museo de historia natural es muy recomendable para ver muestras raras, difíciles de descubrir en nuestros paseos, y obtener valiosas informaciones.

Y puedes imaginar muchas más...

Esta ha sido tan solo una pequeña muestra de las muchas actividades que podemos realizar al aire libre con niños y niñas. Si necesitas más información, existen numerosas publicaciones que pueden inspirarte. Además, te invito a desplegar tu potencial creativo para inventar muchas otras junto con tu hijo o hija. Observando sus juegos y sus intereses, y conversando con él o ella, aparecerán un sinfín de ideas para nuevas aventuras. Y recuerda que pasear, charlar, observar los recorridos de las hormigas, saltar charcos, contemplar la puesta de sol o simplemente estar juntos, en silencio, sin hacer nada, son también formas estupendas de disfrutar de la naturaleza.

¡Qué disfrutéis mucho!

EPÍLOGO

En una de mis primeras conferencias sobre pedagogía verde, hace más de dos décadas, uno de los asistentes alzó la mano para afirmar que la propuesta le parecía idealista, incluso ingenua y, sobre todo, completamente irrealizable.

No recuerdo bien qué respondí. Unas semanas más tarde, en el turno de palabras de otro encuentro, alguien dijo que el contenido de mi charla le resultaba totalmente lógico y hasta evidente; vamos, que era «de cajón» y no veía la utilidad de dedicarle tiempo a un asunto tan absolutamente obvio. Sus palabras me dejaron perpleja y no supe qué responder. Mi confusión fue en aumento cuando escuché opiniones parecidas en nuevas conferencias. ¿Qué querían decirme esas personas? ¿Que pusiera los pies en la tierra y dejara de luchar por un mundo mejor? ¿Que parara de ir por ahí soltando obviedades? Sus opiniones sobre mi trabajo parecían contradictorias y, sin embargo, sentía que tenían mucho en común...

Me llevó tiempo comprender que, en el fondo, ambas posturas estaban expresando el mismo sentir: **vivimos en un mundo donde lo humano, lo natural, se ha vuelto utópico.**

Utopías ancestrales

Recientemente, tuve la oportunidad de visitar The Offline Club,[1] una asociación creada por un joven neerlandés en el centro de Ámsterdam. Sus miembros literalmente pagan por pasar tiempo desconectados de cualquier tipo de aparato. Durante horas, se reúnen en amplios espacios de la ciudad: viejos cafés, iglesias, almacenes...; hacen manualidades, tejen, pintan, escriben, cuentan historias o simplemente conversan. Cosas que eran totalmente «normales» en mi niñez y juventud, hoy se han convertido en una utopía, en un lujo, por el que incluso estamos dispuestas a pagar...

El fundador del club me contaba que los miembros más jóvenes no conocen el mundo de antes de los móviles. Ven con nostalgia y dolor las «antiguas» imágenes de personas jugando y charlando en los parques o simplemente descansando, y sienten que les han robado algo importante.

Cosas tan sencillas como estar al aire libre, bajo la luz natural del sol, respirar oxígeno en lugar de dióxido de carbono, caminar, moverse disfrutar del silencio, contemplar, no hacer nada, ir despacio, tomar alimentos sin procesar, beber agua pura, dialogar y conversar, jugar en la calle, tocar la tierra, cultivar un huerto, vivir en compañía o en comunidad, crear... llevar un estilo de vida sencillo es cada día más difícil de conseguir.

Incluso algo tan natural como hacer amistades resulta cada día más complicado. Muchos socios de The Offline Club asisten a sus sesiones détox con la esperanza de aprender a relacionarse directamente con otras personas.

¿Cómo hemos conseguido que el ser humano, un animal desesperadamente social, esté perdiendo la capacidad de vincularse con sus semejantes de manera orgánica, que ya no sepa sintonizar con sus iguales desde el cuerpo, la presencia, el gesto, la mirada y la emoción?

Debemos reconocerlo: la continua interacción con la máquina

nos deshumaniza. Nos aleja de experiencias vitales que no son lujos ni caprichos, sino necesidades universales. Instintos y expectativas impresas en nuestros genes que constituyen nuestra naturaleza. Vivir estas experiencias nos permite desarrollarnos plenamente. Nos hace humanos.

Como hemos visto, sin estas experiencias esenciales perdemos la salud y el bienestar, además de todo el acervo natural, social y cultural que nuestra especie ha atesorado a lo largo de cientos de miles de años.

Quienes ensalzan el camino del progreso tecnológico a toda costa (o, lo que es lo mismo, quienes se enriquecen con él) afirman que este nos permitirá liberarnos de la influencia del entorno (¡!) y conducir nuestra propia evolución, nuestra autotransformación. Ven como una especie de logro que, por primera vez, los cambios en las características de la especie humana no respondan a los dictados de la naturaleza. Según ellos, la hibridación con las máquinas es un acto consciente de voluntad soberana (¿?) que nos hará superiores: seremos, ¡por fin!, superhumanos... Nos proporcionará capacidades hasta ahora imposibles de conseguir. Y, por supuesto, podremos abolir el hambre, borrar la pobreza, eliminar las desigualdades, erradicar las enfermedades, suprimir la vejez y hasta alcanzar la inmortalidad.[2]

Son argumentos de venta. Todas sabemos que la realidad es y será muy distinta.

¿QUÉ AVANCES HEMOS CONSEGUIDO?

Es un hecho que necesitamos parar la destrucción de la biodiversidad, regenerar la tierra, frenar el cambio climático... Pero no creo que vayamos a hacerlo con las tecnologías actuales, claramente extractivistas, que requieren ingentes cantidades de energía, agua y minerales, además de trabajo humano, en condiciones inadmisibles.

Para «salvar» el planeta necesitamos superar nuestra separación de la naturaleza, porque es en nuestra relación con la Tierra donde todo se juega.

Este libro es una aportación conceptual, experiencial y práctica para dejar atrás el antropocentrismo y caminar con un horizonte biocéntrico.[3] Nuestro punto de partida es la infancia y su derecho sagrado al legado natural y cultural de los ancestros; a una relación directa con lo vivo; a un mundo analógico, animado por valores humanos y biófilos. Con esta prioridad volvemos a colocarnos en la línea del tiempo y de sus ciclos en lugar de vivir como si el pasado no existiera y el futuro ya estuviera sentenciado.

La pedagogía verde es un movimiento integrador que, desde la crianza, la educación, la prevención, la terapia y el desarrollo humano en todas las etapas de la vida, plantea la posibilidad de una auténtica regeneración social y cultural.

Si echo la mirada atrás y me pregunto por los logros de estos últimos veinticinco años, tal vez el más importante es la toma de conciencia. Los estilos de vida encerrados y biófobos, la fragmentación de la vida, la invasión de las pantallas... estaban desde hacía tiempo ante nuestros ojos, pero no hemos podido percibir su gravedad, especialmente en la infancia, hasta que pudimos poner palabras a lo que estamos viviendo. Las palabras ayudan a tomar conciencia de la realidad. Son el primer paso para intentar cambiarla.

Con el valor de la naturaleza firmemente afianzado, entre sus prioridades, muchas familias han transformado radicalmente sus hábitos, inventado nuevas formas de vida... Algunas encontraron entornos más amables; otras, consiguieron renaturalizar los que ya tenían.

Hasta hace algo más de una década prácticamente no existían en nuestro país los grupos de juego al aire libre. Hoy, sin embargo, son una realidad generalizada. A veces forman parte de huertos y jardines urbanos gestionados por las propias familias. Otras, son iniciativas de instituciones, asociaciones o particulares con propuestas educativas y de ocio positivo en jardines, parques, bosques, montañas, desiertos y playas.

La pedagogía verde, en contacto con la naturaleza, se ha convertido en un objetivo educativo prioritario y estratégico. Los patios grises de las escuelas han pasado de considerarse «funcionales» a ser vistos como lugares problemáticos y nada educativos, por lo que resulta urgente renaturalizar. No dispongo de la última actualización de los datos, pero calculo que aproximadamente un 50 % de las escuelas españolas y europeas realizaron al menos un intento de transformación de sus espacios exteriores en la última década. Son millones de niños y niñas, de familias...

Las salidas a espacios verdes cercanos o a media distancia son también mucho más frecuentes que entonces. Donde solo había una «excursión» al año, ahora se realiza al menos una actividad al aire libre por trimestre, una vez al mes o incluso dos veces por semana. La etapa infantil es la que mejor ha sabido incorporar los elementos naturales a su día a día. Pero las necesidades crecen con fuerza en primaria y también en secundaria. Muchos profesionales han comprendido que renaturalizar es también rehumanizar los espacios, los tiempos y las prácticas educativas, y están contribuyendo a flexibilizar, hibridar, mejorar la comunicación, introducir la pasión y ralentizar los ritmos en los centros. Orientadores y terapeutas recurren cada vez más a la pedagogía verde, para aumentar su eficacia y cumplir sus objetivos.

La educación ambiental, por su parte, está empezando a hundir sus raíces en el contacto directo y emocional con lo vivo para, desde ahí, desarrollar un conocimiento más profundo y precioso del medio natural. Las experiencias se multiplican en hospitales, centros de mayores, sociales y comunitarios, cárceles...

Horizontes más verdes

Pero quince o incluso veinticinco años no son nada en la vida de una comunidad. Queda mucho por hacer.

Las políticas para reverdecer las ciudades, como en Barcelona desde hace unos años, y ahora mismo en París, son iniciativas que mejoran la vida de la infancia y de sus familias: caminos verdes para desplazarse por la ciudad e ir al cole, parques o jardines sin tóxicos, huertos comunitarios, y casas y tejados tapizados de vegetación que reducen la contaminación, amortiguan los ruidos y nos enseñan a convivir con lo diferente. Familias y escuelas están presentes también en los modernos movimientos ciudadanos en defensa de los árboles.

Aunque incipientes, las alianzas educativas con asociaciones, grupos de comerciantes y productores locales son esenciales para que la renaturalización de la vida encuentre su base en la economía verde y permiten apoyarse, contagiar(se) y generar vocaciones agrícolas, ganaderas, ecologistas, innovadoras y biófilas en todos los sectores.

Sin duda, las claves de estas transformaciones son diversas y se sitúan en distintos niveles, pero voy a mencionar las que me parecen más importantes.

En primer lugar, la naturaleza no sabe nada de ideologías y, por tanto, no puede someterse a los vaivenes políticos. Lo «natural» no es de derechas ni de izquierdas. Forma parte del sentido común, de nuestra responsabilidad en el cuidado y el bienestar de todo lo vivo. Por tanto, en los ayuntamientos, en los Gobiernos autonómicos y centrales, deberían generarse pactos y legislaciones que impidieran deshacer los «avances verdes» de los equipos anteriores.

Es hora de redefinir la noción de progreso para situar la naturaleza en el lugar central que le corresponde, por encima de la tecnología. ¡Nunca podremos comernos un robot! Hasta las máquinas más «inteligentes» necesitan recursos naturales para existir.

Antes de introducir cualquier «mejora» hay que reflexionar sobre su impacto en los ámbitos ambientales, humanos y sociales. Encontrar soluciones sencillas y económicas inspiradas en la lógica de la naturaleza. Es imprescindible privilegiar los sectores básicos, como la alimentación sana y natural, la calidad de los entornos, el cuidado de los bosques y de las aguas y la regeneración de la tierra. Nuestra sociedad precisa revisar urgentemente sus prioridades.

Por último, tomemos conciencia de que somos naturaleza. Estamos acostumbradas a extraernos de la ecuación de lo vivo. Decimos que vamos a la naturaleza cuando, en realidad, ya estamos en ella. Hablamos de lo natural como si fuera algo extraño, ajeno a lo humano. Y de lo humano como si se tratara de algo extraordinario, extraplanetario. Este hábito mental y emocional firmemente arraigado es responsable de muchos olvidos y de muchísimos errores que cometemos. Una forma sencilla de empezar a superarlo es recordar, cada vez que hablemos de la naturaleza, que nosotras también formamos parte de ella. Que somos eso. Nada más y nada menos que eso.

Al tenerla en cuenta en cada una de nuestras decisiones y acciones, poco a poco, volvemos a incluirnos en la red de la vida.

AGRADECIMIENTOS

Este libro no habría sido posible sin la inspiración y el apoyo de esas personas que, a lo largo de todos estos años, se han interesado por mi trabajo. Muchas de ellas me han ofrecido, además, el calor de su amistad. La lista, sin duda, está incompleta.

Joxe Mari Auzmendi, Jean Barranger, Jaume Carbonell, Jordi Sargatal, Fina Sanz, José Contreras, Cinta Vidal, Jaume Martínez Bonafé, Carlos Fresneda, Julio Rogero, Miquel Àngel Alabart, Tristán Mayo, Feli Mora, Alfredo Hoyuelos, Juana Sancho, Fernando Hernández, José Carlos Tobalina, Francisca Majó, Jaime Ruiz, Fidel Revilla, Ramón Lara, Odile Rodríguez de la Fuente, Clara Eslava, Emilia Abarca, Lucía Loren, Mar Morón, Marta Román, Pedro Badía, Pilar Sampietro, Agustín Escolano, Richard Louv, José Antonio Corraliza, Gregorio Aranda, Consuelo Uceda, Rosa Tristán, Francesco Tonucci, Rocío Casariego, Carme Cols, Josep Fernández, Juan León, Juan Antonio Ortega, María Rendo, Guillem Ferrer, Alicia Montserrat, Lourdes Gaitán, Montse Catalá, Isabel Fernández del Castillo, Ignacio Abella, David Gribble, Yaacov Hecht, Laura Herrojo, Marta López, Rosa Neira, Jerry Mintz, Marina Escalona, Gustavo Duch, Rosa Valdivia, Raúl Alcanduerca, José María Paricio, Florent Pasquier, Marga Mediavilla, Jordi Pigem, Rosa Neira, Inma Marín, Evaristo Bellotti, Gloria Fernández de Loaysa, Mar

Romera, Eugenio Fernández, Sulak Sivaraksa, Kageki Asakura, Juan Antonio Ortega, Carl Honoré, Lenore Skenazy, Enrique Galán, Marta Barrera, Teresa Escudero, Alfonso Hernández, Antonia Luengo, Amesti Educació, Acción Educativa, Fundación Ángel Llorca, Rosa Sensat, Hik Hasi, Txatxilipurdi y las alumnas del Experto Universitario en Pedagogía Verde.

NOTAS

Introducción. Aprender a ser naturaleza

1. Véase <https://anisalud.com/actualidad/notas-de-prensa-anis/11973-70-000-menores-presentan-trastornos-de-salud-mental-y-enfer medades-neurologicas-graves-en-espanaB1a>. La prevalencia de tras tornos mentales en niños y adolescentes en España se sitúa en torno al 20 % y aumenta conforme aumenta la edad.

2. A. Miller, *Por tu propio bien*, Barcelona, Tusquets, 2009.

3. P. McLaren y J. L. Kincheloe, *Pedagogía crítica*, Barcelona, Graó, 2008.

4. Es una de las ideas que he defendido siempre contra las metodo logías y la didáctica, y que pongo en práctica cada vez que formo profe sionales del desarrollo humano en contacto con la naturaleza. Véase <https://heikefreire.com/experto-universitario-en-pedagogia-verde/>.

1. De espaldas a lo vivo

1. En el año 2023, el Comité de los Derechos del Niño de las Nacio nes Unidas incorporó a la Convención sobre los Derechos del Niño la Observación General número 26, en la que se reconoce de forma clara el derecho de la infancia a un medio ambiente saludable y sostenible, un derecho que figura ya en las constituciones de 150 países.

El propio Comité ha precisado que, para proteger los derechos de la infancia, los estados deben garantizar el acceso a: aire limpio, agua potable, alimentos saludables, clima estable y ecosistemas y biodiversidad sanos. Dicho en pocas palabras: a la naturaleza.

Véase <https://www.plataformadeinfancia.org/wp-content/uploads/2023/09/Observacion-General-26_Spanish.pdf>.

2. En los países desarrollados, el número de escolares que utilizan transporte activo (es decir, que van andando o en bici al cole), pasó del 43 %, en 1969 a tan solo el 13 %, en 2001. Una brutal disminución del 30 %, que coincide con el cambio en los estilos de vida y la generalización del automóvil. En los últimos quince años, se han hecho grandes esfuerzos por recuperar los caminos escolares. Véase, por ejemplo, Comité de Salud Medioambiental de la Asociación Española de Pediatría, *Caminando al cole: un modelo para innovar en la salud de los niños y el medioambiente*, Madrid, 2019, <https://www.aeped.es/sites/default/files/documentos/caminando_al_cole2septiembre2_1.pdf>.

3. Cuanto más bajos son los ingresos de sus padres y su nivel educativo, es más probable que esto ocurra.

4. La adicción a las pantallas, especialmente a las redes y los videojuegos, está reemplazando al consumo de drogas entre los adolescentes. La problemática comienza generalmente a partir de los doce años, pero el problema se inicia cada vez más temprano y es algo que nos preocupa a todos. Véanse Unicef, «Impacto de la tecnología en la adolescencia», 2023, <https://www.unicef.es/publicacion/impacto-de-la-tecnologia-en-la-adolescencia>; S. Domoff, «Development and Validation of the Problematic Media Use Measure: A Parent Report Measure of Screen Media "Addiction" in Children», *Psychology of Popular Media Culture*, vol. 8, n.º 1, 2019, págs. 2-11.

5. Véase <https://www.playengland.org.uk/>.

6. Unas noventa horas anuales más que en la escuela: J. L. Suárez Valero, *Televisión, consumo y niños: teorías, estudios y efectos*, Sevilla, CSI-F Enseñanza, 2010.

7. En este sentido, la crisis sanitaria de la covid-19 se convirtió en un experimento a tamaño real que nos ha mostrado la nefasta incidencia del sedentarismo, el encierro y las pantallas sobre el desarrollo infantil, en general, y la capacidad de atención en particular. Solo en Estados Unidos, el número de niños que miraban pantallas más de seis horas al día se sextuplicó. Y el tráfico de aplicaciones infantiles se triplicó.

8. A. Smith *et al.*, «The Internet and Loneliness», *AMA Journal of Ethics*, vol. 25, n.º 11, 2023, págs. 833-838. Estudios realizados durante la pandemia muestran una relación clara entre la adicción a internet y el sentimiento de soledad no deseada.

9. H. Freire, «Carl Honoré», *Cuadernos de Pedagogía*, 407, 2010, págs. 46-50. Hoy tendríamos que añadir Instagram y TikTok.

10. A. Blamford, L. Clegg, T. Coulson y J. Taylor, «Why Conservationist Should Heed Pokémon», *Science Magazine*, vol. 3, n.º 9, 2002, pág. 2364.

11. M. Genovart *et al.*, «Holding Up a Mirror to the Society: Children Recognize Exotic Species Much More Than Local Ones», *Biological Conservation*, vol. 159, 2013, págs. 484-489.

12. Solo en 2010, 80 millones de personas jugaban a cuidar las cosechas y el ganado de la granja virtual *Farmville* de Facebook. M. Prieto, «¿Para qué entras en Facebook? Para cuidar de mi granja virtual (o ser un mafioso)», *Expansión*, 20 de marzo de 2010.

13. R. Louv, *The Last Child in the Woods*, Londres, Algonquin Books, 2005 (trad. cast.: *Los últimos niños en el bosque*, Madrid, Capitán Swing, 2018).

14. Antes que Louv, el biólogo estadounidense Robert Pyle acuñó un término que encuentro más rico y específico, aunque menos mediático: la *extinción de la experiencia*. M. Soga y K. Gaston, «Extinction of Experience: The Loss of Human-Nature Interactions», *Frontiers in Ecology and the Environment*, vol. 14, n.º 2, 2016, págs. 94-101.

15. F. Rodríguez de la Fuente, *Animales salvajes*, León, Everest, 1984.

16. En su conocido libro *El concepto del continuum* (Barcelona, Ob Stare, 2021), Jean Liedloff explica las bondades de los métodos de crianza de estos pueblos que, contrariamente a los modelos occidentales, respetan las necesidades vitales de nuestra especie.

17. Toda una corriente de la psicología, de Wilhelm Reich a Alexander Lowen, pretende, precisamente, recuperar ese ser natural y saludable del que nos hemos alejado.

18. Véase <https://www.aesan.gob.es/AECOSAN/web/nutricion/subseccion/prevalencia_obesidad.htm>.

19. Véase <https://www.who.int/es/news-room/questions-and-answers/item/noncommunicable-diseases-childhood-overweight-and-obesity>.

20. Se calcula que los niños de familias desfavorecidas pasan dieciséis días más al año que los de las familias más ricas frente a las pantallas. En total, son cuatro meses completos sin despegar los ojos del aparato, entre los ocho y los doce años. Y eso, aunque a un adulto le parezca «poco» en la vida de una criatura, ¡es muchísimo tiempo! Además, tienen seis días menos de actividad física.

21. Fundadora y directora, hasta su muerte, de The Secret Garden, una escuela bosque escocesa que ha recibido varios premios por su labor en beneficio de la infancia.

22. Realizados por <https://www.aeped.es/sites/default/files/documentos/caminando_al_cole2septiembre2_1.pdf> entre 1958 y 1962.

23. En su momento (2020-2021), junto al pediatra José María Paricio, pedimos al Gobierno y a la sociedad en su conjunto una adaptación reflexiva y sensata de la normativa «pandémica» a las necesidades vitales de las criaturas. Años después, los resultados de este gigantesco experimento a «tamaño real» sobre el impacto del entorno en la salud y el desarrollo de la infancia no dejan lugar a dudas. Pero el aumento de enfermedades y trastornos y los retrasos en la motricidad y el lenguaje no deberían atribuirse a la pandemia, sino a unas medidas sanitarias que no los tuvieron en cuenta.

24. H. Freire, *Estate quieto y atiende. Ambientes más saludables para prevenir los transtornos infantiles*, Barcelona, Herder, 2017.

25. Entre 2005 y 2012, el uso de antidepresivos en niños y adolescentes aumentó significativamente en los cinco países desarrollados que participaron en este estudio: C. J. Bachmann *et al.*, «Trends and Patterns of Antidepressant Use in Children and Adolescents from Five Western Countries, 2005-2012», *European Neuropsychopharmacology*, vol. 26, n.º 3, 2016, págs. 411-419. Y esto pese a las observaciones y recomendaciones de reconocidos especialistas en sus informes para Naciones Unidas, como el psiquiatra infantil Dainius Pūras, que enfatiza la importancia de evitar un uso excesivo de medicación psicotrópica en la infancia y la adolescencia (que podría estar relacionada con el aumento en las tasas de suicidio adolescente) y trabajar más desde la prevención y la intervención comunitaria. Para una revisión de la problemática, véase: L. Cosgrove *et al.*, «Drivers of and Solutions for the Overuse of Antidepressant Medication in Pediatric Populations», *Frontiers in Psychiatry*, vol. 11, 2020, págs. 17.

26. Una intuición muy acertada, que más adelante abriría toda una investigación sobre la *zoocosis*, la psicosis animal producida por el entorno artificial del zoo, que se trata habitualmente con fármacos psicotrópicos. Para una revisión de estudios, véase R. Yasmeen *et al.*, «Zoochosis: A Short Review on Stereotypical Behavior of Captive Animals», *Journal of Wildlife and Biodiversity*, vol. 7, n.º 2, 2023, págs. 8-20.

27. Hmwe H. Kyu *et al.*, «Causes of Death among Children Aged 5-14 Years in the WHO European Region: A Systematic Analysis for the Global Burden of Disease Study 2016», *The Lancet*, vol. 2, n.º 5, 2018, págs. 321-337. Destaquemos que, entre 1990 y 2016, las muertes por enfermedad respiratoria menor, entre los menores de diez años, pasaron de la cuarta a la segunda causa de muerte.

28. Sociedad Española de Medicina de Familia y Comunitaria, *Estudio sobre accidentes infantiles atendidos en centros de salud*, Madrid, Fundación Mapfre, 2010.

29. N. Bowles, «La interacción humana es un lujo en la era de las pantallas», *The New York Times*, 26 de marzo de 2019.

30. Los tecnólogos de Silicon Valley no quieren que sus hijos usen los dispositivos que ellos fabrican.

31. E. Millet, «Nómadas digitales y vida ecoalternativa: así son las escuelas bosque de las nuevas élites», *La Vanguardia*, 18 de noviembre de 2023, <https://www.lavanguardia.com/vivo/tendencias/20231118/9386 224/nomadas-digitales-vida-eco-alternativa-asi-son-escuelas-bosque-nue vas-elites.html>.

32. Véase ONU, «CRC/C/GC/26: Observación general n.º 26 sobre los derechos del niño y el medioambiente, con especial atención al cambio climático», <https://www.ohchr.org/es/documents/general-comments-and-recommendations/crccgc26-general-comment-no-26-2023-childrens-rights>.

33. Desde hace décadas, España tiene el dudoso honor de ser el segundo país de la Unión Europea, después de Rumanía, con más criaturas en riesgo de pobreza y exclusión social. Véase <https://www.plataformadeinfancia.org/2025-un-ano-clave-para-avanzar-en-la-erradicacion-de-la-pobreza-infantil-en-espana/>.

2. Los beneficios del contacto

1. En las últimas décadas, países como Japón o Escocia han integrado en sus sistemas de salud la práctica de recetar paseos al aire libre y «baños de bosque» para tratar muchas enfermedades contemporáneas causadas por un estilo de vida antinatural que provoca estrés y debilita el sistema inmunitario. En algunos centros de salud de Cataluña también se han empezado a recetar «curas» de naturaleza.

2. También se puede encontrar una buena revisión de estudios en R. Louv, *The Last Child*, *op. cit.*, págs. 3-46.

3. Véase el especial de *Lighting Research and Technology*, vol. 53, n.º 5. Y también Ruth M. Lunn *et al.*, «Health Consequences of Electric Lighting Practices in the Modern World: A Report on the National Toxicology Program's Workshop on Shift Work at Night, Artificial Light at Night, and Circadian Disruption», *Science of The Total Environment*, 607-608, 31 de diciembre de 2017, págs. 1073-1084.

4. J. Foreman *et al.*, «Association between Digital Smart Device Use and Myopia: A Systematic Review and Meta-analysis», *The Lancet Digital Health*, vol. 3, n.º 12, 2021, e806-e818.

5. Como afirma el biólogo Máximo Sandín, somos virus y bacterias: «Las células eucariotas que nos constituyen están formadas por una fusión de bacterias y en su núcleo hay secuencias génicas procedentes de virus que permiten hacer la fotosíntesis bacteriana, responsable de la mayor parte del oxígeno en nuestro planeta. Las bacterias están por todas partes, desde las rocas más profundas hasta el fondo del mar». Véase <https://somosbacteriasyvirus.net/>.

6. Paul A. Sandifer, «Exploring Connections among Nature, Biodiversity, Ecosystem Services, and Human Health and Well-being: Opportunities to Enhance Health and Biodiversity Conservation», *Ecosystem Services*, vol. 12, 2015, págs. 1-15.

7. I. Fjørtoft, «The Natural Environment as a Playground for Children: The Impact of Outdoor Play Activities in Pre-Primary School Children», *Early Childhood Education Journal*, vol. 29, n.º 2, págs. 111-117.

8. J. Barton y J. Pretty, «What is the Best Dose of Nature and Green Exercise for Improving Mental Health?», *Environmental Science and Technology*, vol. 44, n.º 10, 2010, págs. 3947-3955, <http://pubs.acs.org/doi/abs/10.1021/es903183r>.

9. R. Kaplan y S. Kaplan, *Humanscape: Environments for People*, Ann Arbor, Ulrich Books, 1982; y de los mismos autores, *The Experience of Nature: A Psychological Perspective*, Cambridge, Cambridge University Press, 1989.

10. W. James, *Principios de psicología*, Ciudad de México, Fondo de Cultura Económica, 1989.

11. Al deprimir el sistema inmunitario, el estrés está también en el origen de enfermedades autoinmunes como el cáncer. M. Valdés y T. Flores. *Psicobiología del estrés*, Madrid, Martínez Roca, 1990.

12. R. S. Ulrich, «View Through a Window May Influence Recovery from Surgery», *Science*, vol. 224, n.º 4647, 1984, págs. 420-421.

13. R. S. Ulrich, «Effects of Gardens on Health Outcomes: Theory and Research», en C. Cooper Marcus y M. Barnes (comps.), *Healing Gardens: Therapeutic Benefits and Design Recommendations*, Nueva York, Wiley, 1999, págs. 27-86.

14. W. Bird, *Natural Thinking*, Londres, Royal Society for the Protection of Birds, 2007.

15. Para una revisión reciente de la literatura científica disponible, véase: C. A. Capaldi *et al.*, «Flourishing in Nature: A Review of the Benefits of Connecting with Nature and its Application as a Wellbeing Intervention», *International Journal of Wellbeing*, vol. 5, n.º 4, 2015, págs. 1-16.

16. F. E. Kuo y A. F. Taylor, «A Potential Natural Treatment for Attention-Deficit/Hyperactivity Disorder: Evidence From a National Study», *American Journal of Public Health*, vol. 94, n.º 9, 2004, págs. 1580-1586.

17. En mi segundo libro, *¡Estate quieto y atiende! Ambientes más saludables para prevenir los trastornos infantiles*, Barcelona, Herder, 2017 (original en Barcelona, RBA, 2013), defiendo abiertamente la postura ambientalista.

18. Un reciente metaanálisis de estudios (2023) llega a la conclusión que existe «una correlación positiva entre el tiempo de pantalla y el riesgo de TDAH. La exposición excesiva a las pantallas puede contribuir significativamente al desarrollo del TDAH en los niños. Por lo tanto, es necesario reducir el tiempo de pantalla en los niños para prevenir el riesgo de ocurrencia del TDAH». L. Hezuo *et al.*, «Screen Time and Childhood Attention Deficit Hyperactivity Disorder: A Me-

ta-analysis», *Reviews on Environmental Health*, vol. 39, n.° 4, 2023, págs. 643-650.

19. Ya en el año 2007, cuando en nuestro país empezaba la euforia del «diagnóstico precoz», la doctora Eglée Iciarte, profesora de Psiquiatría en la Universidad Autónoma de Madrid, declaraba en prensa que «el 99 % de los niños españoles tratados con psicofármacos no están enfermos y son víctimas de un exceso de diagnóstico» (Europa Press, Infosalus, 27 de abril de 2007, <https://www.infosalus.com/actualidad/noticia-99-ninos-espanoles-tratados-psicofarmacos-hiperactividad-no-estan-enfermos-psiquiatra-20070427203506.html>).

20. R. Louv, *The Last Child*, *op. cit.*, pág. 10.

21. H. Freire (comp.), *Patios vivos para renaturalizar la escuela*, Barcelona, Octaedro, 2020.

22. Para un interesante análisis sobre desarrollo infantil y contacto con la naturaleza, véase A. F. Taylor y F. E. Kuo, «Is Contact with Nature Important for Healthy Child Development? State of the Evidence», en C. Spencer y M. Blades (comps.), *Children and Their Environments: Learning, Using and Designing Spaces*, Cambridge, Cambridge University Press, 2006, págs. 124-140.

23. D. Elkind, *The Hurried Child: Growing Up Too Fast Too Soon*, Nueva York, Perseus, 2001.

24. P. MacLean, *The Triune Brain in Evolution*, Nueva York, Plenum Press, 1990.

25. A. Damásio, *El error de Descartes: la emoción, la razón y el cerebro humano*, Barcelona, Planeta, (1.ª ed., 1994) 2013.

26. Es el sentido de la palabra *autonomía*, la capacidad de actuar, pensar y aprender por una misma, siguiendo tus propias normas, respecto a la *heteronomía*, actuar de acuerdo a normas ajenas. Según Piaget, ambos conceptos rigen el desarrollo ético del ser humano. Pero aparecen en otros ámbitos, como la inteligencia. En realidad, las polaridades entre dependencia y autonomía se manifiestan de manera global, en todas las dimensiones de la persona, y están estrechamente vinculadas.

27. D. Sobel, *Beyond Ecophobia: Reclaiming the Heart in Nature Education*, Great Barrington, Orion Society, 1996.

28. De ahí el papel fundamental de los profesores para ayudarlos a construirse como personas.

29. Con las alumnas del posgrado de Pedagogía Verde, diseñamos

un curso de fin de semana para adolescentes titulado Supervivientes, cuyo objetivo es crear un espacio donde puedan vivir y honrar las necesidades vitales de esta compleja etapa.

30. E. Wilson, *Biophilia: The Human Bond with Other Species*, Cambridge, Harvard University Press, 1984. Véase también S. Kellert y E. Wilson, *The Biophilia Hypothesis*, Washington D. C., Island Press, 1993.

31. Véase P. Bates y P. Trakansuphakon, «Pueblos indígenas, vigilantes lúcidos de la biodiversidad», 2 de julio de 2021, <https://courier.unesco.org/es/articles/pueblos-indigenas-vigilantes-lucidos-de-la-biodiversidad>.

32. D. Orr, *Earth in Mind: On Education, Environment and the Human Prospect*, Washington D. C., Island Press, 2004.

33. Recuerdo que una de mis vecinas solía pasar el aspirador por el jardín de su casa. Y he conocido a muchas personas que, literalmente, no pueden soportar ver un árbol cerca de su casa.

34. S. Mancuso, *Sensibilidad e inteligencia en el mundo vegetal*, Barcelona, Galaxia Gutenberg, 2015.

35. E. Fromm, *El corazón del hombre*, Ciudad de México, Fondo de Cultura Económica, 1966.

36. La necrofilia es una patología sexual que consiste en sentirse atraído y querer relaciones sexuales solo con cadáveres. Fromm tomó este concepto del campo de la psiquiatría para ponerlo en el ámbito de la sociedad y la cultura contemporáneas. La definición que da de él lo acerca mucho al concepto de *biofobia* que propone David Orr.

37. Dejo al lector o lectora la tarea de valorar cuál de las dos predomina en su vida cotidiana.

3. El juego espontáneo

1. J. Piaget y B. Inhelder, *Psicología del niño*, Madrid, Morata, 1993.

2. R. Storli y E. B. Hansen Sandseter, «Children's Play, Well-Being and Involvement: How Children Play Indoors and Outdoors in Norwegian early Childhood Education and Care Institutions», *International Journal of Play*, vol. 8, n.° 1, 2019, págs. 65-78.

3. G. Eisen, *Children and Play in the Holocaust*, Boston, University of Massachusetts Press, 1998.

4. L. Fernández Fontecha (comp.), *¡Y todavía dibujan!. Sesenta dibujos de niños de la Guerra Civil*, Madrid, La Uña Rota, 2019.

5. P. Ariès, *El niño y la vida familiar en el Antiguo Régimen*, Madrid, Taurus, 1987.

6. El filósofo francés J.-J. Rousseau fue uno de los primeros en llamar la atención sobre las diferencias entre adultos y niños, participando en la creación del concepto de *infancia*. Rousseau solía decir: «Conviene tener en cuenta al hombre en el hombre, y al niño en el niño». J. J. Rousseau, *Emilio o De la educación*, Madrid, Alianza Editorial, 1990.

7. La ley Moyano, que regula unos mínimos de enseñanza para todos, es de 1857.

8. Al contrario de lo que pueda parecer, en el mundo recolector y agrícola no existía una jornada laboral estandarizada y, a menudo, el tiempo de trabajo era inferior al del mundo moderno. En épocas de siembra y de recolección, los agricultores podían trabajar hasta doce o dieciséis horas al día, pero el resto del año la mayor parte de las tareas solo requerían unas tres o cuatro horas, lo que dejaba tiempo libre para socializar y jugar.

9. Algunos especialistas, siguiendo también a Philippe Ariès, afirman que son criaturas representadas como adultas porque, al no existir el concepto de *infancia*, esas sociedades tampoco tenían una forma específica de representar a los niños. La discusión está abierta.

10. Véase M. Zarasca, «Non-mammals Like to Play, Too», 16 de mayo de 2017, <https://www.discovermagazine.com/planet-earth/non-mammals-like-to-play-too>.

11. S. Mancuso, *Are Plants Conscious?*, <https://www.youtube.com/watch?v=gBGt5OeAQFk>.

12. La definición de *instinto* de la RAE es: «conjunto de pautas de reacción que, en los animales, contribuyen a la conservación de la vida del individuo y de la especie». Habría que puntualizar «en los animales y en los seres humanos», o quizá ya estamos incluidos, porque somos animales...

13. El neurocientífico Jaak Panksepp, uno de los autores que más me han inspirado, dijo que el juego no es solo un encantador pasatiempo, sino uno de los siete instintos fundamentales del ser humano. J. Panksepp, *Affective Neuroscience. The Foundations of Human and Animal Emotions*, Oxford, Oxford University Press, 2004.

14. J. Pigem, *Inteligencia vital: una visión posmaterialista de la vida y la conciencia*, Barcelona, Kairós, 2016.

15. S. M. Pellis *et al.*, «Play Fighting and the Development of the Social Brain: The Rat's Tale», *Neuroscience & Biobehavioral Reviews*, vol. 145, febrero de 2023, 105037.

16. La especie humana es la única especie animal que tiene bipedestación obligatoria, es decir, que se desplaza y se mantiene erguida en todo momento, incluso cuando está sentada. Es un aprendizaje espontáneo y muy complejo que las criaturas sanas realizan en un tiempo récord, entre los nueve meses y los dos años.

17. P. Kropotkin, *El apoyo mutuo: un factor de evolución*, Logroño, Pepitas de Calabaza, 2020, capítulos 1 y 2.

18. «La nación de las plantas reconoce y promueve el apoyo mutuo entre las comunidades naturales de seres vivos, como instrumento de convivencia y de progreso», S. Mancuso, *La nación de las plantas*, Barcelona, Galaxia Gutenberg, 2020, capítulo 8, pág. 107.

19. S. A. West *et al.*, «Ten Recent Insights for our Understanding of Cooperation», *Nature Ecology and Evolution*, vol. 5, 2021, págs. 419-430.

20. M. Bekoff, «Social Play Behavior», *Bioscience*, vol. 34, n.º 4, M. 1984, págs. 228-233.

21. En inglés, *rough-and-tumble play* es un tipo de juego que requiere mucha energía física. Implica la lucha cuerpo a cuerpo, peleas, giros y persecuciones, sin agresión ni intención violenta. Es típico de los cachorros de mamífero.

22. T. Paes y J. Eberhart, *Developing Life Skills through Play*, Cambridge, PapersInELT, 2019.

23. P. Gray, «The Play Deficit», Aeon-Psyche, 2015, <https://aeon.co/essays/children-today-are-suffering-a-severe-deficit-of-play>.

24. M. Csíkszentmihályi, *Fluir (Flow): una psicología de la felicidad*, Barcelona, Kairós, 2008.

25. J. Hari, *El valor de la atención*, Barcelona, Península, 2023.

26. Inma Marín ha estudiado en profundidad la actitud lúdica y ha escrito páginas muy interesantes sobre ello. Véase el blog *Jugar, una forma de vivir*, <https://www.immamarin.com/>.

27. D. Elkind, *The Power of Play: How Spontaneous Imaginative Activities Lead to Happier, Healthier Children*, Cambridge, Da Capo Press, 2007.

28. Otra interesante causa de la lenta desaparición del juego es cómo lo abordan los medios de comunicación. Un análisis de la prensa, realizado entre 2005 y 2010, revela que los periodistas (contrariamente a los científicos y a los propios niños) menosprecian la espontaneidad del juego y no ven en él «un respiro de la vida cotidiana», ni «una vía para escapar del mundo real», sino un pasatiempo productivo. Prevalece la ideología de la productividad, en lugar de, simplemente, el disfrute. Véase R. Bishop, «Go Out and Play, but Mean It: Using Frame Analysis to Explore Recent News Media Coverage of the Rediscovery of Unstructured Play», *The Social Science Journal*, vol. 50, n.º 4, 2013, págs. 510-520.

29. La vida quiere vivir —¿recuerdas a Eric Fromm?—, pero cuando no puede hacerlo, entonces prefiere la muerte, se vuelve autodestructiva.

30. P. J. Guay, M. Parrott Y L. Selwood, «Captive Breeding Does Not Alter Brain Volume in a Marsupial over a Few Generations», *Zoo Biology*, vol. 31, n.º 1, 2012, págs. 82-86.

31. J. Panksepp, «Can Play Diminish ADHD and Facilitate the construction of the Social Brain?», *Journal of the Canadian Academy of Child Adolescent Psychiatry*, vol. 16, n.º 2, 2007, págs. 57-66.

32. P. Gray, «The Decline of Play and the Rise of Psychopathology in Children and Adolescents», *American Journal of Play*, vol. 3, n.º 4, 2011, págs. 443-463.

33. Llamo *procesos de humanización* a las condiciones de vida previstas por la naturaleza desde los orígenes de nuestra especie, que permiten que los seres humanos se desarrollen plenamente. Algunos filósofos y antropólogos afirman que la humanidad no es exactamente una especie, sino más bien una «condición» o el resultado de un «conjunto de condiciones» que permiten la emergencia de lo humano a partir del animal.

34. M. Yogman *et al.*, «The Power of Play: A Pediatric Role in Enhancing Development in Young Children», *Pediatrics*, vol. 142, n.º 3, 2018, e20182058.

35. Los parques infantiles convencionales no favorecen el juego espontáneo, como veremos luego.

36. Véase «Lo que necesitas saber sobre el sistema educativo en España», Ministerio de Educación, Formación Profesional y Deportes,

<https://www.educacionfpydeportes.gob.es/atencion-educativa-ucra
nianos/sistemas-educativos.html#:~:text=En%20Espa%C3%B1a%
20hay%2C%20al%20menos,septiembre%20y%20finaliza%20en%
20junio>.

37. Pongo el verbo *aprender* entre comillas porque esta palabra puede utilizarse con un sentido emancipador, de crecimiento de la persona o con un sentido domesticador, para inculcar comportamientos.

38. El reflejo de orientación es la respuesta inmediata de un organismo a un cambio en su entorno. Una respuesta fundamental para nuestra supervivencia.

39. D. Christakis *et al.*, «A Comparison of Preschoolers' Physical Activity Indoors versus Outdoors at Child Care», *International Journal of Environmental Research. Public Health*, vol. 15, n.º 11, 2018, pág. 2463.

40. S. Scott, T. Gray, J. Charlton y S. Millard, «The Impact of Time Spent in Natural Outdoor Spaces on Children's Language, Communication and Social Skills: A Systematic Review Protocol», *International Journal of Environmental Research and Public Health*, vol. 19, n.º 19, 2022, 12038.

41. Recuerdo a la hija de una amiga que volvió de un campamento de verano con varios tics. Las continuas actividades organizadas le habían hecho pasar muchísimo estrés.

42. L. Skénazy, *Free Range Kids: Giving Our Children the Freedom We Had, without Going Nuts with Worry*, Nueva York, Jossey-Bass, 2009.

43. Véase <https://slate.com/technology/2017/12/the-rise-and-fall-of-baby-einstein.html>. Hoy, bajo otras formas, las pantallas siguen estando escandalosamente presentes en la vida de los menores de seis años.

44. Citado en C. Honoré, *Bajo presión*, Barcelona, RBA, 2008, pág. 119.

45. En Cataluña, la pedagoga Anna Ramis creó recientemente el movimiento De 0 a 3 Pantalles Res, que busca concienciar a la sociedad sobre el problema de este tipo de dispositivos en la primera infancia: véase <https://criatures.ara.cat/infancia/campanya-contra-us-panta lles-infants-0-a-3-anys_1_2556059.html>.

46. Los materiales estructurados tienen objetivos predeterminados y dejan poco espacio a un uso diferente de aquel o de aquellos para los que fueron fabricados. Los no estructurados, por el contrario, son poli-

sémicos (pueden emplearse de muchas formas). Esta es la diferencia, por ejemplo, entre un palo y un caballito de madera.

47. I. Marín (comp.), *Els patis de les escoles: espais d'oportunitats educatives*, Barcelona, Fundació Jaume Bofill, 2010.

48. A. Serra García, «Cómo afecta el tipo de patio al juego y las relaciones entre iguales», en H. Freire (comp.), *Patios vivos para renaturalizar la escuela*, Barcelona, Octaedro, 2019.

49. H. Freire, *Patios vivos para renaturalizar la escuela, op. cit.*

50. Véase *Marcos, el niño que creció entre lobos cuenta su historia a Pablo Herreros en 'Yo, mono'*, <https://www.youtube.com/watch?v=okw2Zc9gaeU>.

51. Con el fin de ayudar a las criaturas a recuperarse del fuerte impacto físico y emocional que supuso la crisis sanitaria para su desarrollo, en 2021 escribí *La guía completa para guardianas del juego*, que todavía puede descargarse gratuitamente en mi web (<https://heikefreire.com/aprende-a-acompanar-el-juego-infantil-guia-completa/>).

4. Recuperar la naturalidad

1. Lenore Skenazy, *Free Range Kids*, Hoboken, Wiley, 2009.

2. Sin embargo, como señala el conocido proverbio africano, «para criar a un hijo hace falta toda una tribu».

3. T. Gill, *No Fear: Growing Up in a Risk Averse Society*, Londres, Calouste Gulbekian Foundation, 2007.

4. Véase <https://es.wikipedia.org/wiki/Arkangel_(Black_Mirror)>.

5. H. Freire, «La voz de la infancia», *Cuadernos de Pedagogía*, vol. 407, 2010, págs. 62-65.

6. Una profecía autocumplida, autorrealizada o autorrealizable es una predicción que, una vez hecha, se convierte la causa misma de que se haga realidad. Véase <https://es.wikipedia.org/wiki/Profec%C3%ADa_autocumplida>.

7. De ahí todas esas historias sobre el lobo, el hombre del saco, etcétera, que existen en muchas culturas.

8. Curiosamente, la idea de que el frío enferma está muy entendida en los países del sur de Europa, como Italia y España, mientras que en la Europa del norte, el frío se considera un fortalecedor de la salud.

9. Ahora sabemos, por las investigaciones, que implicar a las criaturas en las tareas domésticas es uno de los factores que más contribuyen al buen desarrollo personal, social y cognitivo.

10. E. Colona, «Niños que cuidan de niños. Otra visión de la infancia en el continente africano», *Cuadernos de Pedagogía*, vol. 362, 2010, págs. 87-98.

11. Algunos estudios con niñas y niños víctimas de guerras que viven en campos de refugiados demuestran que quienes permanecieron en grupo con otras criaturas superaron mejor los traumas que quienes estuvieron al cuidado de adultos también traumatizados. En general, el mundo emocional infantil es más resiliente y está menos enquistado que el muchas veces tóxico mundo emocional adulto.

12. H. Freire, «Mariposas de ciudad», *Integral*, vol. 361, 2010, págs. 40-43.

13. S. Krauss *et al.*, «Family Environment and Self-Esteem Development: A Longitudinal Study from Age 10 to 16», *Journal of Personality and Social Psychology*, vol. 119, n.° 2, (2020), págs. 457-478.

14. Desgraciadamente, España tiene el dudoso honor de ocupar el primer puesto de la Unión Europea en pobreza infantil, y es uno de los Estados que menos porcentaje del PIB destina a prestaciones a las familias.

De hecho, España ha superado a Rumanía para convertirse en el país de la Unión Europea con el mayor riesgo de pobreza infantil, según datos publicados por Eurostat el 1 de mayo de 2025, con el 29 % de la población menor de edad viviendo con una renta inferior al 60 % de la media nacional, el peor dato desde 2016. Véase <https://www.elsal todiario.com/desigualdad/uno-cada-cuatro-menores-ue-riesgo-pobre za-exclusion>.

15. La crianza y el cuidado colectivo de las criaturas es, según los antropólogos, uno de los rasgos característicos de nuestra especie, una conquista sin la cual la especie humana nunca habría conseguido sobrevivir prácticamente en ninguno de los ecosistemas del planeta. Por eso suelo decir que «la infancia nos hizo humanas».

16. H. Freire, «El tiempo de ser niño», *Cuadernos de Pedagogía*, vol. 407, 2010, págs. 76-89.

17. En realidad, lo que yo vi en aquellos momentos fue un peligro de muerte inminente para esas criaturas. Solo después me di cuenta de

que en aquel contexto se trataba más bien de un riesgo. La diferencia entre ambos conceptos es clave a la hora de acompañar el desarrollo de las personas.

18. Curiosamente, en países como Finlandia y Dinamarca, los maestros se forman durante varios años en el arte y la ciencia de observar a las criaturas. La observación es también básica en las ciencias de la vida, como la biología o la medicina. Hoy en día, se está perdiendo a favor de modelos mentales, desconectados de lo real.

5. Más verde en nuestras vidas

1. R. Louv, *Last Child in the Woods*, *op. cit.*, pág. 171.

2. No olvidemos fijar las condiciones de uso, como llevar siempre un delantal o no sobrepasar ciertos límites.

3. Aunque el consenso científico actual es que el autismo no tiene cura (pues se considera una condición del neurodesarrollo, y no una enfermedad), existen diversos tratamientos e intervenciones que pueden mejorar la calidad de vida, el desarrollo y la autonomía de los niños y niñas afectados.

4. Para una buena síntesis de sus aportaciones, véase <https://www.bbc.com/future/article/20220609-do-pets-help-childrens-development>.

5. Según datos del Instituto Nacional de Estadística (INE), hace cuarenta años, el número de criaturas menores de dieciséis años superaba ampliamente el 30 % de la población española. Hoy en día, apenas rebasan el 10 %. Véase <https://www.ine.es/jaxi/Tabla.htm?path=/t22/e308/pae/px/l0/&file=05008.px&L=0>.

6. El respeto y el cuidado de los animales, la conciencia de la escasez de recursos, la dimensión energética, el reciclaje... son algunos de sus valores.

7. Desde hace tiempo, muchos Gobiernos y empresas prohíben el uso de tecnología en las reuniones para hacerlas más eficaces. Y cada vez en más institutos y escuelas no se permite que el alumnado utilice el móvil en sus instalaciones.

8. Utilizo el término *lo vivo* para referirme al conjunto de seres vivos, de todas las formas, reinos y tamaños que nos rodean y hacen posi-

ble nuestra existencia. Para diferenciarlo de *la vida*, que tendemos a re-lacionar con nuestra propia vida, y no con la vida en general

9. D. Sobel, *Beyond Ecophobia: Reclaiming the Heart in Nature Education*, Great Barrington, Orion Society, 1996.

10. En los últimos veinte años, más de treinta y cinco países en todo el mundo han reconocido de una forma u otra los derechos de la natu-raleza a existir, a desarrollarse plenamente y a ser reparada en caso de daños. Tras el desastre ambiental, España ha reconocido los derechos del mar Menor. Véase <https://es.greenpeace.org/es/noticias/el-mar-menor-ya-tiene-personalidad-juridica/>.

11. Existen dos tipos de respuesta al aumento de las temperaturas: las soluciones basadas en la electricidad y la tecnología, como aires acondicionados y marquesinas refrigeradas, que tan solo desplazan el calor de unos lugares a otros y, en general, aumentan las temperaturas. O las soluciones basadas en la naturaleza que, además de refrescar, aportan salud y bienestar.

12. A. Prisco, «Los niños necesitan moverse en la ciudad, la ciudad necesita niños que se muevan», *VI Encuentro La Ciudad de los Niños*, Madrid, 2010, <https://www.observatoriodelainfancia.es/ficherosoia/documentos/3163_d_viencuentro_ciudad_ni%C3%B1os.pdf>.

6. Las enseñanzas de una madre

1. Así llaman los indios koguis (pueblo indígena de la Sierra Neva-da de Santa Marta, en Colombia) al hombre blanco.

2. J. Benyus, «Doce ideas de diseño sostenible tomadas de la natu-raleza», charla TED, 2005.

3. El ser humano ha registrado unos dos millones de especies, de un total estimado de entre 15 y 100 millones. Las tasas actuales de extinción de diferentes seres vivos son entre diez y mil veces más aceleradas que antes de la aparición de la humanidad. Véase <https://www.csic.es/es/actualidad-del-csic/dado-el-ritmo-acelerado-de-extincion-de-especies-la-mayoria-desapareceran-antes-de-que-poda mos-describirlas>.

4. Algunos filósofos niegan incluso que algo parecido a la naturale-za exista, porque todo es susceptible de ser producido artificialmente y,

por tanto, de convertirse en cultura. Entro en detalles al respecto en mi próximo libro.

5. Suele decirse que los bárbaros, venidos del norte, destruyeron el Imperio romano. Pero muchos historiadores, como el británico Edward Gibbon, defienden la tesis decadentista: que el Imperio romano cayó por la decadencia ética de la propia sociedad, incapaz de responder a las invasiones bárbaras.

6. Más que por el ser humano, habría que decir por ciertos seres humanos. La pirámide no nos coloca a todos en la cúspide; se reproduce también a escala humana. Algunas ideologías y proyectos, como el transhumanismo, tienen por objetivo producir (y por tanto controlar) tecnológicamente toda la vida, incluida la humana.

7. Véase <https://es.wikipedia.org/wiki/Bi%C3%B3sfera>.

8. Véase <https://www.britannica.com/science/life/Genetic#ref 1013226>.

9. La *hybris* era el único pecado que se reconocía en la antigua Grecia: la soberbia, el desafío a los dioses.

10. J. Lovelock, *Gaia, una nueva visión de la vida sobre la tierra*, Barcelona, Orbis, 1985, pág. 14.

11. Con los que desgraciadamente está acabando, desde hace décadas, la codiciosa globalización. Véase, por ejemplo, la incansable labor de organizaciones como Cultural Survival para proteger la biodiversidad cultural y humana.

12. Aunque pueden parecer anodinas, la forma en que nos vemos y la historia que nos contamos sobre nosotras mismas tienen importantes consecuencias en nuestra capacidad de superar o no la crisis ecológica en la que nos encontramos.

13. S. Mancuso, *Sensibilidad e inteligencia en el mundo vegetal*, Madrid, Galaxia Gutenberg, 2015.

14. M. Hauser, *Mentes salvajes: ¿qué piensan los animales?*, Buenos Aires, Granica, 2000.

15. El propio Darwin ya subrayó hace casi dos siglos la continuidad entre lo humano y lo animal en su hermosa obra *La expresión de las emociones en los animales y en el hombre*, Madrid, Alianza, 1998.

16. No se trata de volver atrás ni de reivindicar el primitivismo. Se trata de recuperar la sabiduría de la Tierra que hemos perdido por el camino del progreso. El Foro de Culturas Biocéntricas es un intento en este sentido.

17. Evidentemente, todo depende de cómo definamos la noción de *vida*: vida *inteligente*, basada en el carbono o en otros elementos, etcétera.

18. Véase «Un estudio confirma que los "mundos de agua" podrían ser tan abundantes como los terrestres», Instituto de Astrofísica de Canarias, 8 de septiembre de 2022, <https://www.iac.es/es/divulgacion/noticias/un-estudio-confirma-que-los-mundos-de-agua-podrian-ser-tan-abundantes-como-los-terrestres>.

19. Un 99,98 % exactamente. Parece desalentador, pero la galaxia es muy grande; haciendo una estimación optimista, podría haber hasta unos 10 millones de planetas con alguna forma de vida.

20. Si'ahl / Ted Perry, *Cada parte de esta tierra es sagrada para mi pueblo*, Barcelona, Akiara Books, 2019, pág. 17.

21. Véanse, por ejemplo: T. Gordon, *Padres eficaz y técnicamente preparados*, México, Diana, 1978, y también M. Rosenberg, *Comunicación no violenta*, Barcelona, Urano, 2000.

22. C. Merchant, *The Death of Nature: Women, Ecology and the Scientific Revolution*, Nueva York, Harper and Row, 1980.

23. Tendemos a confundir *religión* y *espiritualidad*. La espiritualidad es una experiencia humana, una dimensión de nuestra naturaleza. La religiosidad supone la canalización de esta vivencia en una serie de creencias compartidas, un culto y unas prácticas concretas que nos acercan a lo divino.

24. J. Mander, *En ausencia de lo sagrado*, Palma de Mallorca, Olañeta, 1996.

25. Véase, por ejemplo, T. Luhrmann, *How God Becomes Real: Kindling the Presence of Invisible Others*, Princeton (NJ), Princeton University Press, 2020.

26. R. Coles, *The Spiritual Life of Children*, Boston, HMC, 1990.

27. E. Hoffman, *Visions of innocence*, Boston, Shambhala, 1992.

28. J. Piaget, *La representación del mundo en el niño*, Madrid, Morata, 1973, págs. 137-144.

29. H. Gardner, *La teoría de las inteligencias múltiples*, Ciudad de México, FCE, 1987.

30. S. Lang, «Camping, Hiking and Fishing in the Wild as a Child Breeds Respect for Environment in Adults, Study Finds», Cornell University, 13 de marzo de 2006, <https://news.cornell.edu/stories/2006/03/wild-nature-play-age-11-fosters-adult-environmentalism>.

31. Según algunos datos, hasta el momento se han producido más de cuatrocientas treinta iniciativas en treinta y nueve países distintos.

7. Descubrir y explorar el entorno natural

1. Véase <www.fundacion-biodiversidad.es>.
2. Con un retroceso de casi 5 puntos respecto al 2005.
3. Consejo Superior de Deportes, *Encuesta de hábitos deportivos en España*, 2022, <https://www.csd.gob.es/es/encuesta-de-habitos-deportivos-en-espana>.
4. J. Piaget, *El criterio moral en el niño*, Barcelona, Fontanella, 1971.
5. Véase <www.kidsoutside.info/billofrights.php>.
6. J. Frazer, *La rama dorada*, México, FCE, 2006.
7. I. Abella, *La memoria del bosque, op. cit.*
8. H. East, E. Maddern y A. Marks (comps.), *Espíritu del bosque: cuentos sobre árboles de todo el mundo*, Barcelona, Blume, 2002.
9. D. Goleman, *Inteligencia emocional*, Barcelona, Kairós, 2001.

Epílogo

1. Véase <https://www.theoffline-club.com/city-chapters/amster dam-chapter>.
2. Véase, por ejemplo, O. Rey, *Engaño y daño del transhumanismo*, Madrid, Homo Legens, 2019.
3. Véase <https://heikefreire.com/foro-de-culturas-biocentricas/>.